Vaincre
l'ennemi en soi

Catalogage avant publication de la Bibliothèque nationale du Canada

Finley, Guy
    Vaincre l'ennemi en soi
    Traduction de : The intimate enemy.

    1. Actualisation de soi. 2. Connaissance de soi. I. Dickstein, Ellen II. Titre.

BF637.S4F56214 2003   158.1   C2003-940898-1

Pour en savoir davantage sur nos publications,
visitez notre site : **www.edhomme.com**
Autres sites à visiter : www.edjour.com •
www.edtypo.com • www.edvlb.com •
www.edhexagone.com • www.edutilis.com

Gouvernement du Québec – Programme de crédit d'impôt pour l'édition de livres – Gestion SODEC.

L'Éditeur bénéficie du soutien de la Société de développement des entreprises culturelles du Québec pour son programme d'édition.

Nous reconnaissons l'aide financière du gouvernement du Canada par l'entremise du Programme d'aide au développement de l'industrie de l'édition (PADIÉ) pour nos activités d'édition.

Dépôt légal : 3ᵉ trimestre 2003
Bibliothèque nationale du Québec

ISBN 2-7619-1853-3

DISTRIBUTEURS EXCLUSIFS :

• Pour le Canada
et les États-Unis :
MESSAGERIES ADP*
955, rue Amherst
Montréal, Québec
H2L 3K4
Tél. : (514) 523-1182
Télécopieur : (514) 939-0406
* Filiale de Sogides ltée

• Pour la France et les autres pays :
VIVENDI UNIVERSAL PUBLISHING SERVICES
Immeuble Paryseine, 3, Allée de la Seine
94854 Ivry Cedex
Tél. : 01 49 59 11 89/91
Télécopieur : 01 49 59 11 96
Commandes : Tél. : 02 38 32 71 00
                Télécopieur : 02 38 32 71 28

• Pour la Suisse :
VIVENDI UNIVERSAL PUBLISHING SERVICES SUISSE
Case postale 69 - 1701 Fribourg - Suisse
Tél. : (41-26) 460-80-60
Télécopieur : (41-26) 460-80-68
Internet : www.havas.ch
Email : office@havas.ch
DISTRIBUTION : OLF SA
Z.I. 3, Corminbœuf
Case postale 1061
CH-1701 FRIBOURG
Commandes : Tél. : (41-26) 467-53-33
                Télécopieur : (41-26) 467-54-66
                Email : commande@ofl.ch

• Pour la Belgique et le Luxembourg :
VIVENDI UNIVERSAL PUBLISHING SERVICES BENELUX
Boulevard de l'Europe 117
B-1301 Wavre
Tél. : (010) 42-03-20
Télécopieur : (010) 41-20-24
http://www.vups.be
Email : info@vups.be

Guy Finley
avec la collaboration du
Dr Ellen Dickstein

Vaincre
l'ennemi en soi

Traduit de l'américain
par Marie Perron

Du même auteur

Amour, mensonges et pièges, Le Jour, éditeur, 2000.

Lâcher prise, Le Jour, éditeur, 1993 ; réédition : Les Éditions de l'Homme, 2003.

Le cœur apprenti, Les Éditions de l'Homme, 2003.

Les clés pour lâcher prise, Le Jour, éditeur, 1993 ; réédition : Les Éditions de l'Homme, 2003.

Les voies de l'émerveillement, Le Jour, éditeur, 1994.

Pensées pour lâcher prise, Le Jour, éditeur, 1996.

Prier pour lâcher prise, Le Jour éditeur, 1998 ; réédition : Les Éditions de l'Homme, 2003.

Mot de bienvenue

Avez-vous jamais remarqué combien certains épisodes de notre vie ressortent plus que d'autres ? Et combien d'autres épisodes nous paraissent anodins, du moins sur le moment ? Pourtant… comment savoir *sur le moment* que ce qui vient de se produire restera à jamais gravé dans notre mémoire ?

Permettez-moi de relater l'un de ces épisodes de ma propre vie. Il m'aidera à vous faire part des raisons qui m'ont poussé à vouloir faire paraître ce livre, et de ce qui est à l'origine de son contenu. Tout a commencé il y a plusieurs années, dans le cadre d'un entretien que j'accordais à la suite de la parution de mon plus récent ouvrage. À un moment donné, la journaliste qui m'interviewait a voulu savoir ce qui me poussait à écrire « ce genre » de livres.

Le ton de sa voix me permit de supposer qu'elle n'était pas en mesure d'apprécier ni même de comprendre ce qui était au centre même de mon existence. J'ai néanmoins tenté de la rassurer par ma réponse, en lui laissant entendre que la vie de tout individu dépasse peut-être largement tout ce qu'il peut « imaginer » ; que l'approfondissement de soi représente une quête infinie qui nous procure des bienfaits infinis, et infiniment supérieurs à ce que pourraient révéler aux lecteurs des dizaines de milliers d'ouvrages sur le sujet. Eh bien…

… pour paraphraser une vieille maxime qui touche au cœur de ce qui s'est produit par la suite… « Tenter d'expliquer ce qu'est le vrai à certaines personnes équivaut à tenter d'expliquer ce qu'est la neige à un insecte tropical. »

La journaliste me regarda, inspira profondément, et me posa une autre question, comme pour me faire bien comprendre *qu'elle n'était pas dupe.*

Ce moment-là, je ne l'oublierai jamais. Elle fit preuve de sarcasme, rejetant tout ce que je m'étais efforcé de lui faire comprendre.

— Je vois, poursuivit-elle. Mais dites-moi, *combien* de livres projetez-vous d'écrire encore ? Je veux dire, ne trouvez-vous pas bizarre de publier autant d'ouvrages… sur un même sujet ?

Quelque peu surpris (mais pas tellement, après tout) par son attaque déguisée en interview, je me permis de laisser son accusation plus ou moins voilée mariner quelques secondes dans le silence qui nous séparait avant de répondre. Il n'est pas rare que je doive affronter une telle situation, parfois en présence de journalistes, le plus souvent lors d'émissions radiophoniques de ligne ouverte. Je m'efforce toujours, dans ce genre d'attaque, de réagir à *l'instant*, et *non pas* au ton agressif de mon interlocuteur. Je profite de l'occasion qui m'est ainsi offerte de démontrer – pour le bénéfice de ceux qui, « là-bas », sont suffisamment éveillés et attentifs pour en prendre bonne note – qu'il n'est nullement nécessaire de répondre par l'hostilité à une question hostile.

Refuser de réagir hostilement à l'hostilité révèle la mesquinerie de la remarque qu'on nous lance et démontre qu'il est possible de s'élever au-dessus de celle-ci. Sachant cela, on devient apte à dominer *toute* forme d'attaque-surprise, qu'elle provienne d'un interlocuteur ou de nos propres pensées. Voilà une réaction encourageante : la *non-action* délibérée. Le travail intérieur nécessaire à sa mise en application constitue l'une des plus importantes leçons qui attendent les lecteurs de *Vaincre l'ennemi en soi*. Mais il y en a beaucoup d'autres…

Lorsque, en ce jour mémorable (pour moi), la journaliste rejeta ma réponse en faveur de son propre point de vue négatif, elle m'empêcha du même coup d'expliquer pourquoi je *persiste* à écrire des livres sur le sujet. Permettez-moi ici de vous faire part de ces raisons.

En premier lieu, la découverte de soi, et la connaissance de soi qui en découle, sont sans limites ; quelque chose de plus grand peut toujours pénétrer notre âme et nous révéler que ce qui fut n'est plus, qu'autre chose de plus grand le remplace.

Cela signifie qu'il n'y a pas de fin à la pensée supérieure ; à ce qui nous dépasse ; et que cet univers infini nous attend *à l'intérieur* de nous. Quand nous faisons cette découverte extraordinaire, elle nous ouvre au plus merveilleux des secrets de l'univers : la vie n'est autre que le chemin qu'emprunte la vie pour *pénétrer* en nous ; ce mouvement vital a lieu *en nous*. En d'autres termes, la vie *réelle* est un voyage *intérieur*.

Quand vous accompagnez la vie dans son itinéraire secret, votre expérience de la vie se transforme et vous-même subissez une transformation. Lentement, mais sûrement, un bonheur tout à fait inédit, une plénitude imprègnent même votre quotidien jusque-là banal. L'ennui est délogé. Vous ne vous inquiétez plus de votre avenir, car vous commencez à comprendre que la vie planifie *votre* destin !

Croyez-moi, rien n'est plus rassurant que de savoir que tout ce que la vie vous donne, elle vous le donne *pour votre bien*. Quand vous comprenez cela, vos ennemis se volatilisent ou se rallient à vous. L'énergie que vous dilapidiez naguère à tenter inutilement de vous défendre devient la clé de votre quête intérieure. Et ce n'est qu'un début.

En aidant la vie à vous aider à atteindre le but qu'elle vous fixe, soit de parvenir à la réalisation du nouveau moi auquel vous aspirez depuis toujours, vous triompherez certainement de votre ennemi intime. Le nouveau moi qui émergera de ce combat avec vous-même est aussi différent de l'ancien moi que le chêne majestueux l'est du gland minuscule qui l'a fait naître. Je sais que c'est juste. À votre tour de le découvrir.

Les révélations et les principes contenus dans cet ouvrage prennent racine dans le vrai, cela ne fait aucun doute. Mais leur pouvoir dépend de votre désir de les explorer. La quête directe est la clé qui transforme ces vérités en puissances régénératrices. Ce qui m'amène à vous faire part de quelques données autobiographiques essentielles.

Comme conséquence du travail spirituel que ces principes supérieurs ont rendu possible, ma propre vie intérieure a subi de grands bouleversements. La nature de ce qui contribue à notre élévation continuelle – et la nature des obstacles que nous affrontons – de même que les moyens nécessaires au dépassement de nos limites, m'apparaissent maintenant *beaucoup* plus clairement. Cette clarté intérieure renouvelée renouvelle aussi mon désir et ma volonté de récrire le récit de la quête spirituelle. Car, en vérité, cette quête elle-même connaît un renouvellement.

L'ennui, avec toute cette nouvelle énergie et les vagues d'intuition qui l'accompagnent, c'est qu'il me faut trouver le temps et le moyen le plus efficace pour explorer et expliquer une fois de plus les découvertes nées de ma transformation intérieure. Ma tâche consiste à débroussailler la matière, et à faire en sorte qu'elle tombe entre les mains des individus soucieux de développer leur spiritualité. Cela m'amène à vous présenter quelqu'un de très important.

Afin de concrétiser une démarche qui m'apparaissait nécessaire eu égard aux changements qui s'étaient produits en moi, j'ai pris contact avec une amie et collègue de longue date, le Dr Ellen Dickstein, elle-même très engagée dans sa propre quête spirituelle et auteur d'ouvrages de psychologie. Je lui ai demandé si elle accepterait de transcrire mes travaux. Je lui sais gré d'avoir acquiescé à ma demande.

Le Dr Dickstein s'est plongée pendant plusieurs mois dans les enregistrements de mes dernières conférences ; elle a pris des pages et des pages de notes ; et après avoir passé de nombreuses heures en tête-à-tête avec moi afin d'assimiler cette matière, elle s'est mise à la tâche d'en tirer un premier manuscrit. Puis, après avoir enrichi celui-ci d'anecdotes personnelles, elle me le remit afin que j'y effectue des révisions. *Vaincre l'ennemi en soi* est le résultat de nos efforts conjugués. Plus qu'un simple développement des thèmes qui auparavant m'étaient chers, ce livre est à cheval sur deux mondes : celui de mes écrits passés, c'est-à-dire ceux qui précèdent mes nouvelles découvertes, et celui de mes écrits futurs.

Au cœur de cet ouvrage, en particulier à compter du chapitre où il est pour la première fois question des « personnes provisoirement en charge », le lecteur trouvera de nouvelles définitions et des descriptions inusitées des différents personnages qu'héberge son psychisme et qui se donnent pour tâche de prendre pour lui les décisions ! Cette nouvelle terminologie est nécessaire, comme il devient nécessaire de redéfinir un organisme au fur et à mesure que l'on accumule des données nouvelles sur sa nature et sur son origine. Cette terminologie ne rebutera pas le lecteur, puisque certains aspects de lui-même détectent déjà la présence de tels intrus en lui. Grâce à *Vaincre l'ennemi en soi*, la conscience en devenir du lecteur dévoile ces entités. Elles ne le dominent plus, car c'est lui qui apprend à les dominer !

Si mes livres vous sont déjà familiers, vous découvrirez aisément par vous-même les raisons de cette évolution. Si ce livre est le premier de mes ouvrages que vous abordez, son contenu sera pour vous une découverte. Vous y apprendrez des choses étonnantes sur vous-même qui, non seulement dessilleront vos yeux sur les causes de vos échecs passés, mais qui vous procureront également la force et la confiance nécessaires pour affronter courageusement l'avenir.

Une dernière pensée qui se veut à la fois une promesse et une prédiction : réfléchissez aux principes exposés dans ce livre ; mettez-les courageusement en pratique dans votre vie ; accueillez-les généreusement. Vous vous rallierez ainsi les forces suprêmes de l'univers. Quand cela se produira… vous découvrirez deux secrets qui, tous deux, vous rendront invincible :

Premièrement, dans les mots de Maître Eckhart, le grand mystique chrétien : « Nous sommes nos propres obstacles. »

Deuxièmement, comme l'écrit Mary E. Bains : « Des richesses encore jamais récoltées, des harmonies encore jamais entendues, des lauriers encore jamais gagnés, oui, même des paradis encore jamais révélés attendent tous ceux qui luttent, tous ceux qui font appel à des forces encore jamais connues, à des puissances secrètes. »

GUY FINLEY

Avant-propos

Le jour où nous concluons un traité de paix avec la vie est à marquer d'une pierre blanche. Songez à toute l'énergie que nous déployons à lutter sans répit contre les événements et les gens, alors que nous devrions plutôt l'utiliser à faire preuve de dynamisme et de sens créateur! Au contraire, tel un pays en guerre, nous dilapidons cette énergie dans une alternance d'attaques et de replis.

Pourquoi ressentons-nous cet impérieux besoin? Parce que la vie nous apparaît tel un champ de bataille sans cesse assiégé par l'ennemi. Un reportage inquiétant menace notre bien-être économique. Un commis discourtois blesse notre fierté. Un cheveu gris aperçu dans le miroir nous confronte aux outrages du temps. Nos préoccupations face à l'avenir et nos regrets des choses passées nous poussent constamment à lutter.

Comment pouvons-nous faire la paix avec nous-même? En prenant conscience du fait que la vie n'est pas notre ennemi et qu'elle ne l'a jamais été. Pour ce faire, il suffit de découvrir la source réelle de nos ennuis, car tant et aussi longtemps que nous attribuerons des causes erronées à notre lutte existentielle, ce combat fera rage. Mais l'individu qui possède le courage de voir les gens et les événements sous un éclairage nouveau et vrai saura transformer sa destinée. Voilà donc le sujet de ce livre, dont l'objectif consiste à offrir au lecteur une vision révolutionnaire de lui-même et des autres.

Cet ouvrage prend racine dans la vie spirituelle de Guy Finley. J'ai eu la chance d'assister au développement de ces idées avant-gardistes en participant aux séminaires de Guy Finley, et au cours de conversations personnelles que nous avons eues. L'approche de Guy permet une compréhension tout à fait originale des grandes vérités intemporelles. Pour le spécialiste des philosophies anciennes et contemporaines, elle éclaire et étend ses connaissances des grands systèmes spirituels et philosophiques. À ceux qui ressentent le besoin impérieux d'explorer les mystères de la psychologie et de la spiritualité humaines afin de renouveler et d'enrichir leur vie, elle ouvre une porte dérobée.

Vous voici au seuil d'une extraordinaire aventure spirituelle. Parvenu à son terme, vous aurez percé les mystères de tous les combats auxquels se livre l'être humain et vous détiendrez la preuve de l'existence d'un univers supérieur dépourvu de tels conflits. Vous irez à la rencontre d'aspects de vous-même dont vous ignoriez jusqu'à l'existence. Vous serez témoin des drames intimes qui avaient jusque-là dominé votre vie à votre insu. Vous serez confronté à votre seul et unique ennemi véritable : l'ennemi intime. Surtout, armé de la conscience supérieure que les concepts réunis dans cet ouvrage vous aideront à développer, vous découvrirez par vous-même... en vous-même... un nouveau moi... un moi qui a *déjà* remporté votre victoire intérieure.

E.B.D.

Chapitre premier

L'éveil du moi supérieur à toute lutte

S'il périt dans cette lutte, il périt de sa propre main ; car physiquement
et extérieurement je puis périr aux mains d'un autre, mais
spirituellement, un seul être peut me détruire, et je suis cet être.

SÖREN KIERKEGAARD

Depuis que le monde est monde, les sages nous ont transmis de grandes
vérités sur la cause réelle de nos souffrances existentielles. Et tous nous ont
montré un chemin diamétralement opposé à celui que nous nous acharnons
à prendre. L'ennemi n'est pas celui auquel nous pensons.

Notre véritable adversaire, cette proverbiale épine au pied qui nous
inflige des tourments et nous irrite, puis qui nous pousse à rechercher un
bouc émissaire, cet adversaire n'est pas celui qu'on croit. L'ennemi ne se
trouve pas « là-bas » mais bien « ici » : c'est notre ennemi intime.

Nous pouvons tous identifier une bonne centaine d'ennemis imaginaires. Mais notre pire ennemi *n'est pas* :

- un ami qui nous trahit;
- une économie chancelante;
- un employeur menaçant;
- une personne peu digne de confiance;
- un conducteur discourtois;
- un ordinateur en panne.

Nous devons tous affronter de telles situations. Notre ennemi véritable est beaucoup plus près de nous.

Il suffit d'entendre l'expression «ennemi intime» pour deviner en quoi il consiste. Nous avons tous subi la torture que nous inflige la voix intérieure du défaitisme. Nous n'avons de juge plus intransigeant de nous-même que nous-même. Nous avons tous été assaillis un jour ou l'autre par ces voix contradictoires qui nous poussent d'abord d'un côté, puis de l'autre, et qui nous incitent à douter de la moindre de nos décisions. Nul ne peut mieux saboter nos projets et notre bonheur que nous ne le faisons nous-même. Comment nous étonner alors de la précarité de nos victoires? Bien sûr, nous avons temporairement «réglé son cas» à tel ou tel ennemi. Une «conversation à cœur ouvert» a apaisé notre anxiété face à telle ou telle relation personnelle. Grâce à un travail particulièrement bien accompli, notre employeur s'est enfin aperçu de notre existence. Mais «régler son cas» à notre ennemi *extérieur* ne règle nullement notre problème *intérieur*. L'insatisfaction qui a donné naissance à ce premier ennemi donnera naissance au suivant. Il le faut, car l'insatisfaction intérieure qui, en s'extériorisant, a choisi son bouc émissaire continue de nous dominer.

L'anecdote qui suit illustrera cette proposition. Un jour qu'un homme se promenait dans sa propriété, un petit caillou se glissa à son insu à l'intérieur de sa chaussure. Trop petit pour que l'homme s'aperçoive de sa présence, le caillou modifia néanmoins quelque peu son sens de l'équilibre. Comme il parcourait un terrain raboteux, il perdit pied. Ennuyé mais sûr de lui, l'homme «régla le cas» de ce terrain raboteux en l'aplanissant à l'aide d'un râteau et d'une pelle. Mais le caillou logé dans sa chaussure continuait de le faire souffrir. Poursuivant sa promenade, plissant les yeux de douleur, il ne vit pas la branche basse d'un arbre devant lui et, bien entendu, il la heurta de plein fouet. Très irrité, il « régla le cas » de l'arbre en l'abattant. Plus ennuyé que jamais et incapable de penser clairement en raison de la douleur persistante qu'il éprouvait, il s'emporta contre son contremaître qui n'avait pas su, selon lui, prévenir de tels dangers. « Régler le cas » du contremaître fut on ne peut plus simple : il lui suffit de le congédier. Mais il nous apparaît clairement, à nous qui sommes témoins de l'aventure de cet homme, qu'en envisageant ainsi les problèmes qui se présentent il ne pourra jamais leur apporter une solution satisfaisante. Pourquoi ? Parce que tous les ennuis dont il a « réglé le cas » n'étaient que des ennuis accessoires et parce qu'il n'a jamais su remonter à leur source.

Il en va ainsi dans notre vie. Nous nous acharnons à corriger des situations qui sont en réalité des ennuis passagers sans jamais nous intéresser au vrai problème. Nous luttons quotidiennement contre des ennemis qui *n'ont jamais été* responsables de nos malheurs. La solution de tous nos dilemmes consiste à identifier et à retirer le « caillou dans notre chaussure ». Pour ce faire, nous devons entreprendre un voyage intérieur qui nous permettra d'explorer les recoins les plus secrets de notre être en faisant flèche de tout bois. Quand nous parvenons au terme de cette exploration, notre vision de nous-même et du monde dans lequel nous vivons subit une transformation radicale et permanente. Cette sagesse nouvelle nous procure une force intérieure que rien ne peut déloger.

Les origines occultes de votre combat intérieur

Notre malheur est le fruit amer de notre incompréhension de nous-même. La confusion qui nous caractérise nous pousse à de nombreux comportements autodestructeurs. Nous nous faisons du mal malgré nous ; la cause réelle de nos malheurs réside dans des forces occultes et inconscientes. Tout au long du présent ouvrage, nous recourrons, pour identifier ces forces, à différents noms qui leur ont été attribués depuis des millénaires dans les grandes œuvres spirituelles et littéraires : défaitisme, puissances des ténèbres, forces adverses, esprits malins, entre autres. Leur nom a peu d'importance. Ce qui compte, c'est d'admettre leur existence. Car peu importe leur appellation, elles désignent une seule et même chose : les forces spontanées et inconscientes qui poussent l'être humain à se comporter comme une machine, à agir sans réfléchir et sans compassion. Lorsque nous voyons un homme ou une femme succomber à quelque chose de plus puissant que sa capacité d'y résister, qu'il s'agisse de colère, de peur, de luxure ou de cupidité, nous savons que des forces occultes sont à l'œuvre.

Cependant, des forces supérieures peuvent en même temps prendre un individu en charge. On les désigne depuis toujours par les noms de lumière, de sollicitude, ou tout simplement de vérité, noms chargés d'élévation morale, noms qui décrivent les pensées et la conscience supérieures grâce auxquelles l'individu ressent et agit selon des préceptes de bonté et de sincérité. Ces forces supérieures et inférieures se disputent sans répit le contrôle de l'être humain. L'art et la littérature de toutes les civilisations connues ont de tout temps illustré ce combat perpétuel du bien et du mal. Mais que signifie-t-il à l'échelle de l'individu ? Il signifie que nous jouissons du libre arbitre. Nous pouvons choisir de demeurer en éveil tant du point de vue psychologique que du point de vue spirituel et ainsi vivre en intimité avec notre être supérieur, ou nous pouvons sombrer dans un sommeil psychique qui nous imposera une existence imbue de peur, de frustration et de combats sans fin.

Qu'est-ce que le sommeil psychique, et comment affecte-t-il notre vie quotidienne ? Dans son livre intitulé *Lâcher prise*, Guy nous en fournit une description éclairante :

> L'intelligence ne cherche pas à souffrir. Pourtant, nous avons bien démontré que nous souffrons. Cela signifie qu'une intelligence contrefaite nous a été donnée sans que nous nous en apercevions, et que nous avons confondu sa façon de penser avec la nôtre. Il n'y a qu'un moyen pour qu'une telle substitution ait lieu à notre insu. Quand nous nous laissons si volontiers envahir par l'inquiétude, notre conscience, notre perception de nous-même, s'endort. Au cours de cet étrange sommeil psychique, nous rêvons que nous sommes éveillés. Voyez-vous la solution à cette

situation dramatique ? Puisque notre inconscience est notre seul problème, la conscience est notre seule solution. Tant que la dupe croira qu'un des auteurs de cette supercherie lui vient en aide, la supercherie perdurera.

Si vous ne pouvez pas *trouver* une solution, vous pouvez *voir* le chemin ouvert devant vous. C'est dans cette vision intérieure que gît votre salut. S'éveiller à soi-même, c'est se libérer de toutes les pensées et de tous les sentiments négatifs qui vous dictaient comment remporter la victoire.

Pour de nombreuses personnes, ce sommeil psychique dure depuis si longtemps qu'elles ont perdu toute conscience du choix qui s'offre à elles. La conscience de ce choix est l'une des illuminations les plus exaltantes que puisse connaître tout individu faisant l'apprentissage de sa vie spirituelle. Malheureusement pour cet apprenti, si sincère soit-il, il ne nous suffit pas de choisir une fois pour toutes la voie de la lumière pour que nos problèmes se règlent à tout jamais. Tant que notre force spirituelle n'aura pas atteint sa pleine ampleur, nous nous verrons sans cesse repoussé vers notre ancien moi autodestructeur. Nous devons demeurer sur nos gardes afin de ne pas céder au sommeil psychique et nous efforcer de prolonger le plus possible nos moments d'éveil.

Lorsque nous parvenons à nous voir sous cet angle, c'est-à-dire en tant qu'être dominé par la lumière ou les ténèbres, par la conscience ou l'inconscience, nous sommes mieux en mesure de comprendre la guerre qui fait rage en nous et que nous projetons ensuite à l'extérieur de nous. Les puissances négatives fomentent la peur, le repli sur soi et toutes les luttes qui s'ensuivent. Parallèlement, les forces de la lumière cherchent à nous démontrer l'existence d'un univers supérieur où nous sommes en sécurité et où l'ennemi n'existe pas. Nos pensées erronées donnent naissance à nos ennemis et nous persuadent que l'univers est un lieu hostile, un champ de bataille conçu pour contrecarrer nos ambitions et nos rêves. La conscience supérieure nous démontre la fausseté d'une telle perception. Quand nous parvenons à bien comprendre cela, nous comprenons aussi que le combat à l'existence duquel nous avions cru, même le combat du bien et du mal, n'a aucune réalité. La lumière triomphe *toujours*. La réalité est une force supérieure parce qu'*aucun* mensonge ne peut lui résister. Lorsque nous aurons bien assimilé cet énoncé, autrement dit quand nous serons parvenu à la conclusion heureuse du présent ouvrage, nous serons bien engagé dans la voie de la connaissance de soi. Et tout sera bien qui finira bien, car nous serons libre. Ce sera notre vrai triomphe !

> Celui qui se connaît et connaît son ennemi combattra cent fois sans danger. Celui qui se connaît mais ignore son ennemi sera parfois vainqueur, parfois vaincu. Celui qui s'ignore et ignore son ennemi perdra inévitablement la guerre.
>
> SUN-TZU

Les clés d'un progrès rapide

Les seuls événements supérieurs qui puissent transformer notre existence sont ceux dont nous avons fait personnellement l'expérience. Tant qu'un enfant n'apprend pas à marcher seul, il ne peut se déplacer sans aide, peu importe le nombre de personnes qu'il ait vu marcher. De même, les idées reçues qui se sont imprimées dans notre cerveau sans que nous les comprenions ne nous sont d'aucun secours dans les moments difficiles. Les idées superficielles qui n'ont pas pris racine dans le cœur d'une personne ne peuvent ni croître, ni mûrir, ni lui servir de guide ou lui transmettre leur sagesse. Les idées toutes faites ne procurent pas davantage de force authentique que l'adjectif « sucré », tracé sur un citron, n'adoucit celui-ci.

Mais une vérité qui vous est donnée par l'expérience en vient à faire partie de vous. Elle vous donne encore et encore la preuve de son authenticité à travers des exemples que vous découvrez seul et, ce faisant, elle attire d'autres vérités. Avec le temps, votre acuité d'esprit s'affine, et puisque celle-ci se fonde sur la vérité, rien ne parvient à l'ébranler. Cette première idée juste, cette première goutte d'eau fraîche devient une fontaine abondante qui vous nourrit et vous sustente jusqu'à votre dernier souffle.

Voilà pourquoi les grandes vérités ont toujours été transmises sous forme d'exemples ou de paraboles qui permettent à celui qui les reçoit d'en démontrer l'authenticité à travers son expérience personnelle. Ainsi que l'exprime Guy, les grands maîtres ne nous ont pas transmis des « enseignements » ; ils nous ont offert des « démonstrations ».

Par exemple, dans le Nouveau Testament, le Christ invite ses fidèles à regarder des choses simples, les lis dans les champs ou un grain de sénevé, et à en tirer des leçons éclairantes sur le développement spirituel. Une fois cette leçon comprise, les disciples du Christ entreprennent de se « rééduquer ». Ils peuvent recourir à cette « démonstration » pour réorienter leur façon de penser et pour transformer la leçon reçue en vérité intérieure. Une telle démonstration peut, par exemple, leur permettre de comprendre plus en profondeur la futilité de l'inquiétude : il leur suffit de mettre en pratique la leçon reçue pour en obtenir la preuve.

Lorsque nous recourons à des « démonstrations » pour découvrir d'autres vérités, nous apprenons à devenir notre propre maître. Nous apprenons à apprendre et, ce faisant, nous accélérons notre apprentissage. Tout au long du présent livre, vous serez mis en présence d'idées nouvelles de telle sorte qu'il vous sera possible d'en faire la preuve par vous-même. Ainsi, vous apprendrez à apprendre. Vous verrez les liens qui relient ce dont vous êtes témoin dans votre vie quotidienne aux grands principes fondamentaux. Vous progresserez alors rapidement et sans hésitation.

Clés nouvelles pour une force authentique

Commençons par tenter de comprendre en quoi consiste la force. La plupart des gens recherchent cette force, mais ne parviennent pas à la trouver. Ils découvrent plutôt des qualités qu'ils confondent avec la force véritable, mais qui leur laissent une impression de faiblesse. Voici quelques exemples de force feinte :

- Se fâcher lorsqu'on est frustré ;
- insister pour avoir raison ;
- blâmer quelqu'un d'autre pour ses problèmes ;

- manquer de retenue, user de l'intimidation, adopter une attitude froide, trouver à redire ;
- être sûr de soi par affectation.

Voici, au contraire, quelques exemples de force authentique :
- Rester calme dans un moment de crise ;
- ne jamais ressentir le besoin de s'affirmer ;
- rechercher une solution à un dilemme plutôt que d'en rejeter le blâme sur quelqu'un d'autre ;
- conserver son sang-froid en toutes circonstances ;
- voir en tout échec une étape nécessaire vers la victoire supérieure.

Penchez-vous sur ces deux listes et efforcez-vous d'en noter les différences, non seulement en ce qui concerne chaque énoncé mais eu égard à la personnalité globale qu'ils sous-tendent. N'est-il pas vrai que la qualité de vie d'une personne possédant les attributs de la seconde liste sera bien différente de celle d'une personne répondant aux exemples de la première énumération ? Nous pouvons tous parvenir à une telle qualité de vie, mais cela dépend de notre aptitude à discerner force authentique et force feinte. La clé réside dans notre compréhension de ces différences, car c'est cette compréhension qui provoquera une transformation intérieure apte à modifier radicalement notre rapport à la vie.

De toute évidence, feindre la force ne résout rien. Nous avons suffisamment recouru à l'esbroufe pour savoir qu'une telle duperie ne dure qu'un temps, que tôt ou tard nous sommes appelé à montrer nos cartes et à prouver que nous ne sommes pas à la hauteur de la situation. Et qui n'a pas eu à subir la force feinte des autres ? Combien de fois n'avons-nous pas cru avoir trouvé quelque chose ou quelqu'un qui puisse nous appuyer, pour éprouver peu après le sentiment d'avoir été trahi ? Nous pensions jouir d'un appui qui nous aiderait à triompher de tout, mais au moment critique, ce faux appui n'a pas su apaiser notre anxiété ou notre colère. Nous voulions croire notre forteresse invulnérable, mais la peur et l'angoisse en ont encore et encore ébréché les murailles et ont entraîné notre perte.

Les pages qui suivent regorgent de faits nouveaux concernant la force authentique ; ils vous sembleront tout à fait inédits. Accueillez généreusement ces découvertes et voyez comment votre nouvelle perception de la force triomphante saura vous hisser vers un royaume de sérénité et de courage où la maîtrise de soi est souveraine.

La perception authentique qui déclenche votre guérison

Savez-vous ce qu'est la croissance ? Par exemple, comment une perle devient-elle une perle ? Au début, un minuscule irritant, par exemple un grain de sable, pénètre dans une huître. L'huître sécrète alors couche après couche d'une matière protectrice qui vient enrober le grain de sable et donner naissance à la perle – du dedans au dehors. Et l'arbre ? Comment pousse-t-il ? Il suffit d'observer une souche pour le comprendre. On y aperçoit les anneaux concentriques témoins de sa croissance, encore une fois du dedans au dehors. Une blessure guérit du dedans au dehors. De la plus minuscule cellule à la vastitude de l'univers en expansion, tout croît du dedans au dehors.

Guy nous signale une seule exception apparente à cette immuable loi naturelle : le regard gauchi que nous avons coutume de poser sur le monde qui nous entoure. Lorsque notre esprit sensoriel perçoit la vie, il croit erronément qu'elle évolue du dehors au dedans. Comment cette erreur de perception nous affecte-t-elle ? La vie nous apparaît comme une suite d'événements qui viennent vers nous. Tout notre être est tourné vers l'extérieur, et nous avons l'impression que notre vie se déroule du dehors vers le dedans. Nous ne comprenons pas l'importance de nos états intérieurs, la façon dont nos pensées et nos sentiments commandent notre interprétation de ce qui nous entoure. Nous pensons que ce qui nous arrive est en soi bon ou mauvais, puis nous croyons devoir effectuer des choix en fonction de ces circonstances extérieures, *sans songer une seconde que l'interprétation que nous donnons à ces événements représente déjà un choix inconscient*. Ainsi, persuadé à tort que nous sommes à la merci des circonstances extérieures, nous croyons que la force réside dans notre aptitude à les affronter. Voilà pourquoi nous menons un combat sans fin.

Lorsque les deux adversaires d'un conflit sont une seule et même personne, celle-ci ne connaît de trêve que dans le silence temporaire entre le moment où elle croit dominer la situation et celui où elle s'aperçoit qu'il n'en est rien.

Mais qu'en serait-il si nous envisagions les choses différemment ? Et si cette perception nouvelle des choses était la bonne ? Tout changerait. Voyons de quelle façon.

Corrigez cette erreur et transformez votre vie

La vie ne nous est pas donnée du dehors au dedans, contrairement à ce que nous avons toujours cru. Quand nous aurons compris cela, nous saurons pourquoi nous nous sommes toujours leurré sur le sens réel de la force. Nous avons un problème à surmonter : notre passé, notre incapacité à acquérir ce dont nous croyons avoir besoin, un monde hostile qui semble s'en prendre à nous. Ces défis semblent s'imposer à nous de l'extérieur. Rien de plus naturel que de permettre à notre perception de dicter notre réaction. Nous faisons face à un défi venu de l'extérieur bien décidé à guérir, pourtant notre souffrance ne trouve aucun apaisement. Une blessure pansée trop tôt ne peut guérir de l'intérieur. De même, quand nous nous efforçons de guérir nos blessures psychologiques en leur appliquant un baume externe, nous nuisons au processus naturel de guérison qui se déroule du dedans au dehors. Notre fausse perception de la blessure que nous avons subie rouvre celle-ci.

Un exemple : supposons qu'une femme, persuadée que la cruauté des hommes est la raison de la souffrance qui la tourmente, prenne la résolution de ne jamais plus souffrir. Ses rapports avec les hommes deviennent hostiles, mais en même temps elle désespère de dénicher l'homme tendre qui saura la guérir. À son grand dam, les signaux inconscients qu'elle envoie continuent de lui attirer des hommes cruels. Sa dureté, qu'elle croit être une force, est une faiblesse qui perpétue son dilemme. Celui-ci ne trouvera pas sa résolution tant et aussi longtemps que cette femme continuera d'envisager son problème comme un phénomène qui se déroule du dehors au dedans.

Il est clair pour nous qu'*elle* est dans l'erreur lorsqu'elle s'observe de l'extérieur. Mais qu'en est-il de nous ? Voyons ce qui se produit lorsque nous portons sur nous-même un regard différent, un juste regard.

Comme toute créature vivante, nous nous déployons, nous vivons, nous existons du dedans au dehors. Le fonctionnement de notre cerveau, nos attentes, notre personnalité sont ce qui détermine nos expériences, notre manière d'interpréter les événements qui se produisent et d'y réagir. Un même phénomène – par exemple une éclipse solaire – sera interprété différemment par différentes personnes et ce, parce que pour chacune d'elles la vie se déroule *du dedans au dehors*. Pour l'astronome, cette éclipse est un événement stimulant, elle représente une mine d'informations scientifiques précieuses. Pour l'artiste, l'éclipse est un mystère merveilleux ; il en observe les effets lumineux, qu'il tentera d'intégrer à ses prochaines toiles. L'habitant peu instruit d'une île du Pacifique y verra peut-être une menace terrible, voire le signe de la fin du monde !

De telles différences d'interprétation d'un même événement n'apparaissent pas uniquement à l'échelle cosmique ou universelle. La montée des taux d'intérêt n'a pas le même sens pour vous si vous êtes banquier ou si vous êtes sur le point d'acquérir votre première maison. Forcir de quelques kilos n'a pas le même sens pour une femme confiante et sûre d'elle-même et pour une femme dont la perte de la jeunesse et de la beauté est synonyme de perte d'estime de soi.

Avec le temps, et selon un processus que nous examinerons plus en profondeur dans les prochains chapitres, nous nous faisons une image très personnelle de nous-même et de nos besoins, tout comme la femme dont nous parlions plus haut, qui souffrait de la cruauté des hommes. Ce portrait n'est pas du tout conforme à la réalité, mais il nous semble si réel que nous fondons sur lui notre perception et notre interprétation du monde. Les circonstances non conformes à ce portrait ou celles qui lui sont carrément contraires prennent à nos yeux une allure si menaçante que notre attention se reporte au dehors. Au lieu de comprendre que notre perception de nous-même a fait d'une circonstance particulière un danger fictif, nous ressentons celle-ci comme une menace réelle – *un ennemi*. Et nous combattons sans répit cette circonstance extérieure afin de préserver la perception que nous en avons. Parce que nous croyons que des circonstances inoffensives nous menacent, nous leur déclarons la guerre. Ce n'est pas l'événement *extérieur* qui est en cause, mais notre réaction *intérieure* à cet événement.

Notre peur de mettre en danger cette fragile perception de nous-même est une forme de souffrance. Cette souffrance est due à notre activité intérieure, mais nous la projetons au dehors et tenons pour responsable l'événement lui-même. Entre-temps, notre vrai moi oublié ne grandit pas. Au lieu de puiser un enseignement dans ces circonstances extérieures, nous en faisons nos ennemies. Par notre négligence, notre vrai moi faiblit jusqu'à n'avoir aucune emprise sur notre existence. Pendant ce temps, nous nous engageons dans des luttes dénuées de sens. Notre force intérieure réelle est réduite au silence tandis que notre moi apparent trébuche, incapable de trouver les solutions qu'il cherche.

Avez-vous déjà vu un bouton de rose qui meurt avant d'éclore ? Les pétales externes se fanent ; la croissance interne avorte. La fleur ne s'ouvre pas. La vie de tant de gens qui se complaisent dans d'interminables guerres existentielles ressemble à cette fleur avortée. Elle fane à l'intérieur, car elle ne répond pas à son objectif réel : éclore du dedans au dehors.

La personne lassée des luttes dénuées de sens et dépourvues de conclusion peut connaître une vie différente. Un jour, votre plus cher désir sera de voir votre vie éclore pour obéir à sa destinée supérieure. Votre perception de la force et les fausses joies qu'elle vous procure ne vous satisferont plus. Vous n'hésiterez pas à sacrifier votre vision des choses pour parvenir à la sagesse supérieure dont la constance *vous* sera bénéfique. Et vous éprouverez un profond soulagement en constatant que rien ne vous forçait à déployer ce genre de courage.

Que signifierait un tel changement de perception pour la femme dont nous parlions précédemment ? Au lieu de s'évertuer à se protéger du danger fictif que représente, selon elle, la cruauté des hommes, elle comprendrait peu à peu que son pire ennemi se tapit sous de fausses certitudes, à savoir: (1) qu'elle ne connaîtra jamais l'amour si elle ne trouve personne à aimer; (2) qu'elle sera toujours victime de la cruauté du monde si elle ne déniche pas un homme qui la protège; (3) que son bonheur dépend d'un élément extérieur à sa nature profonde.

Une fois consciente de l'identité de son ennemi réel, elle ne détesterait ni ne craindrait personne. Sa juste perception d'elle-même ferait d'elle une femme compréhensive et compatissante à l'égard d'autrui, y compris de ceux qui ont pu la blesser dans le passé. Armée de cette nouvelle vision des choses, elle ne se laisserait jamais plus prendre aux filets d'un homme cruel, poussée par son besoin d'être acceptée. Elle pourrait enfin vivre une relation de tendresse avec un homme tendre. Elle serait guérie du dedans au dehors, et le monde extérieur refléterait le courage authentique et la plénitude de son être maintenant éclos.

Que faire pour que vos problèmes s'évanouissent

Lorsque l'univers nous semble un lieu hostile où notre moi fragile subit sans répit de nouvelles attaques, nous trouvons tout naturel de nous protéger. Et c'est précisément ce que nous faisons. Nous planifions énergiquement notre défense et la mettons à exécution. Ainsi, nous justifions les actes que nous posons afin de contrecarrer les jugements critiques éventuels d'autrui. Nous adoptons une attitude servile envers ceux qui nous semblent plus puissants que nous. Nous nous croyons supérieur à ceux que nous jugeons plus faibles. Plutôt que de vivre pleinement et librement notre vie, nous souffrons de nous comparer sans cesse aux autres mais nous espérons inconsciemment devenir tels que les autres voudront eux-mêmes se comparer à nous!

D'une certaine façon, nous nous sommes enfermé dans des bunkers psychologiques d'où nous surveillons le monde en nous demandant d'où proviendra le prochain tir de mortier. Chaque fois que nous nous surprenons ainsi tapi dans notre casemate à planifier notre défense et notre attaque, nous devrions songer à cette nouvelle perception de la vie, au fait que nous nous développons du dedans bien que nous soyons convaincu que notre ennemi réel vient du dehors. En d'autres termes, au lieu de nous préoccuper des paroles et des actes d'autrui ou des manchettes du jour, *nous devrions regarder à l'intérieur de nous-même.* Lorsqu'une attaque se prépare, nous détournons d'elle notre attention et constatons qu'elle n'est que le fruit d'une erreur de *perception.* Quand nous comprenons que le « danger » que nous appréhendions n'est que l'ombre que projette la fausse opinion que nous avons de nous-même, notre moi réel peut *enfin* faire face aux circonstances, ce moi en éveil dont la conscience supérieure comprend que le « danger » qui, croyons-nous, nous guette n'a aucun pouvoir en soi. C'est notre réaction à ce danger, notre certitude de l'existence du moi humilié ou blessé auquel il donne naissance qui lui confère son pouvoir. Dans le passé, nous pensions que la remarque cruelle d'une personne irréfléchie était une chose bien réelle, apte à nous occasionner des blessures. Cette fausse notion étant à l'origine du problème, elle ne pouvait jamais le résoudre. Notre erreur de perception et notre problème étaient une seule et même chose. Maintenant, puisque notre conscience fraîchement éclose, notre conscience supérieure refuse de vouer toute son énergie à la perpétuation de telles erreurs, le problème disparaît de lui-même.

Avant de parvenir à cet état supérieur, nous devons être las de lutter et de déployer des forces qui correspondent à notre fausse perception du courage. Seulement alors pourrons-nous nous unir à ces rares individus qui déclarent : « Je ne m'efforcerai plus d'être fort. Je me contenterai d'observer le monde. Je jouerai un rôle actif dans ma vie, un tout nouveau rôle. » Autrement dit, nous nous entraînerons à comprendre que la vie naît et se déploie du dedans au dehors. Lorsque notre *perception trompée* voit un danger, elle nous trompe à son tour en nous poussant dans la mêlée. Lorsque notre *conscience en éveil* constate que ce n'est là qu'un incident de parcours et qu'elle demeure passive, le combat n'a pas lieu. La seule chose qui compte est ce qui se passe au-dedans de nous. Nous ne pouvons ni changer, ni contrôler, ni dominer ce qui a lieu hors de nous. Mais nous pouvons nous éveiller intérieurement et comprendre qu'il ne sert à rien de vouloir dominer ce dont nous sommes témoin, car nous faisons partie de ce dont nous sommes témoin. Tout au plus devons-nous apprendre à développer notre acuité visuelle. Nous comprendrons alors qu'existe un autre type de courage, une force supérieure à laquelle nous pouvons participer, sur laquelle nous pouvons compter sans qu'il nous soit nécessaire de triompher des circonstances extérieures.

Triomphez pour toujours de votre ennemi intérieur

Nous vous avons présenté dans ce chapitre quelques idées nouvelles et stimulantes, dont la plus étonnante est sans doute que nous sommes notre seul ennemi. Cet ennemi plus qu'intime est le fruit de nos erreurs de perception. Il se compose de toutes les contradictions présentes en nous qui se sont engagées dans une lutte effrénée sur un champ de bataille qu'elles ont elles-mêmes créé. L'ennemi intime est la source de tous nos malheurs, la raison pour laquelle le monde qui nous entoure nous semble si fou et si fragile. Lorsque nous extériorisons nos souffrances, nous cherchons un bouc émissaire, un adversaire à affronter, au lieu de pénétrer en nous-même pour remonter à leur source.

Mes années d'expérience et d'études m'amènent à conclure que la plupart des personnes ne mettront jamais fin à leurs combats, tant intérieurs qu'extérieurs.

Elles s'accrocheront à leur moi inconscient et poursuivront leur lutte. Mais celles qui opteront pour la vraie vie verront leur existence se transformer. Elles accéderont à un refuge intérieur, à un domaine supérieur sécurisant, et mettront leur esprit belliqueux au repos. Elles auront alors le courage de se poser les questions suivantes : « Est-il possible que je sois mon pire ennemi ? Est-il possible que mes pensées et mes émotions jouent contre moi ? »

Dans les chapitres qui suivent, nous décrirons trait par trait le fonctionnement de cet ennemi intime afin que vous puissiez le voir à l'œuvre en vous-même. Nous vous aiderons également à comprendre les processus invisibles qui en viennent à le créer, à assurer sa croissance et à lui permettre de nous dérober notre énergie. Ainsi, grâce à ces connaissances, nous verrons comment il est possible de triompher à jamais de notre ennemi intime.

Résumé

Dans notre vie telle que nous la vivons, nous sommes
presque toujours inquiet face à ce qui se passe autour
de nous. Pourquoi ? Parce que nous croyons encore à tort
que ce qui nous arrive commande qui nous sommes. [...]
C'est la raison pour laquelle nous allons nous détourner
une fois pour toutes de ce moi qui se sent menacé.
En nous confiant à l'intelligence vraie, nous pouvons
nous libérer de ce qui nous a toujours fait peur.

— Guy Finley, *Lâcher prise*

Chapitre deux

Laissez le vrai vous aider à dépasser vos problèmes

Certains de nos états d'esprit nous incitent à courtiser
la souffrance dans l'espoir qu'enfin nous y rencontrerons
la réalité, les pics et les arêtes du vrai. Mais ce n'est jamais
qu'un décor peint en trompe-l'œil. La souffrance ne m'a rien
apporté de plus que la conscience de sa superficialité.

RALPH WALDO EMERSON

La plupart des êtres passent leur vie au front, car ils ignorent qu'une autre vie existe juste au-delà de leur capacité de compréhension actuelle. Tout homme ou toute femme sincèrement désireux de renoncer à une façon de vivre familière mais douloureuse peut trouver le chemin du vrai et l'emprunter. Le vrai nous attend patiemment ; il s'efforce de nous faire comprendre, à travers nos expériences quotidiennes, que le fait de percer à jour l'idée que nous nous faisons de « qui » nous « sommes censés » être équivaut à abattre le mur d'hostilité que ces notions qui nous gardent prisonnières ont elles-mêmes créé.

Qu'est-ce que le vrai ? Cette question n'est pas aussi difficile que nous ne le pensons. Le vrai, c'est le réel; et le réel est le plus souvent bien différent de ce à quoi s'efforce de nous faire croire notre cerveau. Le vrai, c'est l'expérience directe de la vie, et non pas la vie altérée par le voile déformant de la pensée. C'est l'énergie vitale, celle qui *existe* en ce moment et qui *sait qu'elle existe*. Cette énergie nous est plus intime que nos battements de cœur, car c'est elle qui bat en nous. Notre cerveau ne peut pas englober le vrai, mais le vrai englobe tout. Lorsque nous prenons conscience de l'incapacité de notre cerveau à voir les choses telles qu'elles sont, nous invitons le vrai à scruter la vie à notre place.

L'individu en quête du vrai doit faire preuve d'une grande ouverture d'esprit et se tenir prêt à renoncer à tout ce qu'il croyait savoir à mesure que ses recherches du moment lui permettent de discerner le vrai du faux. Lorsque nous nous débarrassons des idées reçues pour nous engager dans la quête du vrai, le vrai nous accompagne et nous guide sur le chemin de la découverte de soi.

L'être à la recherche du vrai aspire à comprendre la réalité de toute circonstance, même s'il découvre ainsi que sa vision ou ses croyances du moment sont erronées. Des réflexions telles celles qui suivent lui viennent à l'esprit: «Il m'est arrivé quelque chose aujourd'hui. La peur m'a envahi. Je me suis querellé mentalement. J'étais tourmenté par mes souvenirs et par mes inquiétudes au sujet de l'avenir. J'ai toujours vécu ainsi, car je ne croyais pas possible de vivre autrement. Mais je constate à présent que mon ressentiment est destructeur, que mon irascibilité n'excite *que moi*. Je refuse de continuer dans cette voie et je me demande s'il n'y a pas une autre solution. Je me doute bien que la vie ne peut pas se résumer à cela. J'observe le ciel nocturne, j'admire sa beauté, j'en ressens la puissance. Ma vie *peut-elle* refléter l'ordre et l'intelligence qui commandent l'univers sauf dans le cerveau brumeux de l'être humain ? La souffrance est-elle nécessaire ou existe-t-il une force secrète et transformatrice qui n'échapperait pas à ma compréhension ?»

Lorsque nous réfléchissons ainsi, la transformation devient possible. Notre désir de vérité exhorte celle-ci à soulager notre vie. Ainsi, toute circonstance dont nous puissions tirer une leçon devient une expérience positive. Au beau milieu de la tempête, nous devenons apte à douter de la réalité de celle-ci et nous nous demandons s'il est bien nécessaire de nous laisser, impuissant, ballotter par le vent. Cette interrogation est une invitation que nous lançons au vrai à mettre un terme à nos souffrances, un premier pas vers la liberté.

La nouvelle connaissance qui révèle et guérit nos anciennes souffrances

Il n'est guère difficile de constater à quel point nous souffrons. Il suffit d'observer le visage des gens, de lire le journal. Nous avons tous le cœur en miettes. Pourtant, si vous interrogez les gens sur leur vie, ils ne vous révéleront ni leur confusion ni leur tristesse. «Non, je ne souffre pas, diront-ils. Voyez comme ma vie est bien remplie, regardez tous ces gens qui m'entourent... et ce n'est qu'un début.»

Tant que nous n'accepterons pas de voir notre vie telle qu'elle est, nous n'y changerons rien. Nous connaissons tous la même souffrance, la même colère, les mêmes doutes, nous appréhendons l'avenir et regrettons le passé. Chacun est hanté par ses propres fantômes, mais l'incertitude est la même pour tous. Nous nous efforçons de la dissimuler à nos propres yeux et à ceux d'autrui. Nous arborons un masque et voyons le masque sur le visage des autres. Ceux qui semblent avoir mis de l'ordre dans leur existence, nous les pointons du doigt en disant: «Regardez Charles. Tout baigne dans l'huile pour lui. Il ne perd jamais patience. Il est prospère.» Personne ne veut voir que Charles noie ses chagrins dans l'alcool quand il rentre à la maison le soir, qu'il s'écrase devant la télé, qu'il s'autodétruit et tourmente cruellement sa famille avec tant de subtilité que nul ne s'en aperçoit.

Nous recourons à toutes sortes d'expédients pour nous cacher derrière un masque. L'un d'eux consiste à refuser d'assumer la responsabilité de nos souffrances en leur imputant une cause extérieure. Nous attribuons notre dépression à la remarque inconsidérée de quelqu'un ou au temps qu'il fait. La négligence de telle ou telle personne justifie notre colère. Nous ne nous inquiétons pas de savoir si cette réaction était nécessaire, nous nous préoccupons encore moins de découvrir si ce sentiment existait déjà en nous et n'attendait pas qu'une occasion propice pour se manifester.

La douleur psychologique est-elle nécessaire ou pouvons-nous trouver en nous-même un refuge contre ces réactions punitives ? Sommes-nous destiné à livrer ces combats intérieurs incessants qui ne profitent à personne, ou y a-t-il une raison supérieure à la vie où toute chose aurait enfin un sens ? La réponse est oui, absolument ! Si vous vous posez sincèrement de telles questions, s'il est plus important pour vous de vous hisser vers une vie supérieure que de remporter des victoires, voici comment les réponses qui conduisent au véritable triomphe intérieur peuvent vous être données. En premier lieu, abordez différemment vos anciennes douleurs.

Comment mettre fin à toute forme de souffrance

À compter de maintenant, lorsque vous souffrirez – qu'il s'agisse d'une irritation, d'un accès de colère ou d'un simple ressentiment – sachez transformer radicalement cette expérience. L'auteur et maître spirituel Vernon Howard vous en donne les moyens dans le livre de Guy Finley, *Lâcher prise*. Lorsque la souffrance se manifeste, vous ne devez pas vous concentrer sur elle comme vous le faites habituellement, mais plutôt vous dire : « Je ne comprends pas ma douleur. » Chaque fois que vous souffrez, avouez que vous n'y comprenez rien. Vous pensiez comprendre cette souffrance, vous croyiez qu'une autre personne ou qu'un contretemps en était la cause, si bien que vous vous êtes acharné en vain à trouver un apaisement. Avouez que vous aviez tort et dites simplement : « Je ne comprends pas ma douleur. »

Dans les mots de Vernon :

Nous avons beau nous lamenter, pleurer, gémir, grommeler et songer : « Comment me suis-je mis dans un tel pétrin ? », cela ne change rien à l'affaire. En faisant l'exercice proposé, vous vous placerez dans un contexte tout à fait différent, et vous recevrez les bienfaits que ce contexte vous réserve.

Voulez-vous connaître la joie de ne pas prendre chaque jour les décisions que vous dicte votre inquiétude ? Dites : « Je ne comprends pas » cette crise, ou cette souffrance subite. ET ARRÊTEZ-VOUS. VIVEZ VOTRE JOURNÉE SANS LA COMPRENDRE.

[...]

La plupart des hommes et des femmes vendent leur âme à longueur de journée pour avoir l'impression fugace de tenir leur vie en main. Qui possède vraiment la maîtrise de soi ne la cherche pas et n'a jamais besoin d'en justifier l'absence.

Si vous êtes d'accord pour dire « Je ne comprends rien à ma vie », vos perceptions erronées s'estomperont et feront place à la révélation divine.

Cette étonnante technique nous aide à transformer notre rapport fondamental à la souffrance et au vrai qui peut nous en affranchir. Nous constatons que nous avons livré des batailles perdues d'avance et qu'aucune de ces luttes n'est parvenue à nous apaiser. Nous découvrons que notre échec est dû à la méconnaissance de notre souffrance. Dorénavant, nous nous abstiendrons d'agir. En confiant notre souffrance au vrai, nous demandons à celui-ci de nous montrer en quoi elle consiste, ce qui revient à lui demander de nous en débarrasser. N'ayez crainte : il le fera.

Quel soulagement ! Inutile de prétendre que nous sommes sage ou courageux. Nous avons dirigé notre souffrance vers le *bon rayon*, où quelque chose de mieux que nos vieilles et pénibles solutions pourra prendre la relève. N'est-ce pas là une merveilleuse révélation ? Notre rapport au vrai s'en trouve transformé pour le mieux. Quand nous nous efforcions de tout régler par nous-même, chacun de nos actes perpétuait notre douleur, et nous ne parvenions qu'à lui insuffler notre énergie vitale. Nous refusons de continuer dans cette voie, mais notre vieux cerveau ne connaît pas d'autres façons de relever les défis du quotidien, si bien que nous optons pour le silence et la passivité. Nous nous en remettons au vrai. Lui seul est en mesure de nous démontrer que nous ne pouvons rien faire contre cette douleur, car cette douleur *n'a rien à voir avec la personne que nous sommes en réalité*.

Le brillant philosophe Henri Amiel confirme ce qui précède : « *Mon moi véritable, l'essence même de ma nature et de mon être demeurent inviolés, hors de portée des attaques du monde.* »

Pour le moment, tenez-vous-en à ce qui suit : avouez que tous vos efforts passés ne vous ont apporté aucune sérénité et que votre souffrance se répète. Sans doute est-ce parce que, contrairement à ce que vous pensiez, vous n'en saisissez pas bien les causes. Pour découvrir le vrai, renoncez à vos réactions passées et dites-vous simplement, en toute honnêteté : « Je ne comprends pas ma douleur. » Ensuite, attendez les révélations du vrai. N'écoutez pas les voix mensongères qui vous accusent de choisir la voie de la facilité. C'est tout le contraire qui se produit. Nous assumons vraiment notre souffrance quand nous cessons de l'affronter comme naguère et que nous nous efforçons de la voir sous un jour nouveau.

Après la pluie, le beau temps

Un dimanche, à l'occasion d'un atelier particulièrement enrichissant, Guy a relaté une anecdote qui jette un éclairage révélateur sur l'appui supérieur dont nous pouvons bénéficier. La voici :

Il y a très longtemps, un groupe de voyageurs à bord d'un vieux navire en bois furent victimes d'un océan déchaîné. Jeté contre des écueils, le navire finit par s'échouer et les naufragés trouvèrent refuge sur une île déserte. Terrifiés par le sort qui les attendait, ils se querellèrent et accusèrent toutes les puissances de l'univers d'être responsables de la précarité de leur situation. Mais avec le temps ils se firent à leur nouvelle condition, édifièrent des abris et parvinrent à soutirer leur subsistance à la terre. Peu à peu, chacun en vint à oublier qu'il avait déjà connu une existence bien différente.

L'un des hommes (appelons-le Joseph) n'oublia cependant jamais que l'île n'était pour eux qu'un refuge provisoire. Il jugeait essentiel d'accomplir l'impossible pour qu'on se porte à leur rescousse. Chaque nuit, il grimpait au sommet de l'île et allumait un feu de détresse. Les années passèrent. Les autres naufragés se moquèrent de lui. « Personne n'apercevra jamais ce feu, lui disaient-ils. On ne nous trouvera pas. Ce n'est pas si mal, ici, après tout.

Pourquoi ne t'installes-tu pas comme nous? Pourquoi ne renonces-tu pas à ces balivernes?» Mais quelque chose poussait Joseph à ne pas oublier. Il savait que cette île déserte ne suffirait jamais à son bonheur. Son seul espoir était qu'un navire vienne à son secours, si bien que, chaque nuit, Joseph allumait un brasier, même lorsque de fortes tempêtes contrecarraient ses efforts. Les autres restaient blottis dans leurs petites huttes, mais Joseph se forçait à sortir, à grimper au plus haut de l'île et à allumer le feu.

Une nuit, une tempête encore plus violente que les autres s'abattit sur l'île. Joseph jeta dehors un regard désespéré. Tout lui disait de rester à l'abri. Allumer un feu dans cette pluie torrentielle tenait de la folie. Inutile d'espérer qu'un navire puisse l'apercevoir du large. Mais, en dépit de son désespoir, Joseph sentit qu'il lui fallait tenter l'impossible. Il se munit du nécessaire et grimpa jusqu'au sommet de l'île. Tandis qu'il regardait la mer en réchauffant ses mains à la flamme qui lui avait coûté tant d'efforts, il vit scintiller une lumière au large. Il n'en crut pas ses yeux: un navire! Joseph courut prévenir les autres, mais personne n'accepta de quitter la douceur de son lit. Seule son épouse, qui, au fil des ans, avait chaque soir remis à Joseph un petit casse-croûte pour le sustenter jusqu'au matin, consentit à l'accompagner. Ensemble, ils coururent vers la plage. Tout près les attendait une barque ayant six hommes à bord. «Nous avons aperçu votre signal de détresse», cria l'un d'eux par-dessus le grondement des vagues. «Embarquez! Notre navire attend.» «Pas tout de suite, fit Joseph. Je vais d'abord chercher les autres.» «Nous n'avons pas le temps», insistèrent les sauveteurs. La situation s'aggrave. Sauvez-vous. Il vous faut embarquer *maintenant.*» Joseph et sa femme savaient qu'il ne servait à rien de prévenir leurs compagnons. Après tant d'années, ceux-ci ne désiraient plus être rescapés. Joseph les soupçonnait même d'aimer l'existence pénible qui était devenue la leur. Le couple monta à bord de la barque qui les attendait, sans même jeter un regard en arrière.

Qu'en est-il de vous? N'avez-vous pas l'impression, parfois, d'être un naufragé, comme Joseph et ses malheureux compagnons, d'avoir été rejeté par la mer sur une île ballottée par la confusion et les émotions violentes? N'avez-vous pas l'impression d'avoir oublié que puisse exister une autre façon de vivre ? N'avez-vous pas l'impression d'affronter chaque jour la tempête, d'ériger des abris de fortune et de ne rien faire de concret pour que l'on vous tire de ce mauvais pas ? Quelque chose en vous sait pourtant que la tempête fera toujours rage dans votre île perdue au beau milieu de l'océan houleux.

Joseph représente ces éléments supérieurs en nous qui perçoivent le salut en dépit de la bourrasque. Cette partie de nous sait que notre seul espoir consiste à attirer un sauveteur et que nous avons la responsabilité d'allumer le feu de détresse qui lui indiquera notre position. Tenter de résister à la tempête ne nous est d'aucun secours. Le vrai nous dit : « Ne combattez pas le mal. » Au lieu de lutter contre les tempêtes de l'existence, concentrez-vous sur ce qui peut le mieux servir vos intérêts. Appelez le sauvetage de la vraie connaissance.

Les sentiments qui tourmentèrent Joseph pendant cette nuit d'orage, quand tout lui indiquait qu'allumer un feu ne servirait à rien, ces sentiments ne nous sont pas étrangers. Si vous explorez depuis un certain temps les principes du vrai, vous connaissez la petite voix mensongère qui vous parle et tente de vous faire croire que, s'il existait une réponse à vos interrogations, vous l'auriez déjà trouvée. Ne l'écoutez pas ! C'est la voix de votre faux moi, celui qui cherche désespérément à se perpétuer. Une seule chose compte : être rescapé. Peu importe le temps qu'il faudra, quand vous constaterez que votre sauveteur est là, le temps passé à l'attendre vous semblera immatériel. Seul comptera le fait que vous rentrerez bientôt chez vous.

Voyons ce qui précède sous un angle plus pratique. Supposons qu'un homme s'inquiète de l'avenir. Il croit que l'argent seul peut lui procurer un sentiment de sécurité. Chaque fois que quelque chose vient contrecarrer ses projets, il est envahi par la colère et le désespoir. Mais il a su réfléchir à cette question, si bien qu'il décide de changer d'attitude. Lorsque l'inquiétude l'assaille, au lieu de tenter de se protéger, au lieu de grogner contre l'injustice sociale, il choisit d'avouer qu'il ne sait pas ce qu'il doit faire. Il allume un feu de détresse. En d'autres termes, il demande un secours supérieur. Tandis que la flamme danse dans la tempête, il comprend qu'il s'est imposé de bien inutiles tourments. Il constate que sa peur réclamait à grands cris une attention inutile dans la pratique. Il voit que son désespoir l'a poussé à prendre des décisions financières irréfléchies, que des solutions plus ingénieuses s'offraient à lui. En ayant le courage d'admettre ses fautes de jugement, il peut concevoir une image supérieure de lui-même.

Cessez de vous débattre. Efforcez-vous plutôt de comprendre l'orage qui vous secoue. Quand vous commencerez à remettre en question vos certitudes concernant ce qui vous fait souffrir, vous verrez que rien ne vous obligeait à essuyer d'aussi violentes tempêtes.

Recouvrez votre droit à l'autodétermination

Il était une fois un pays d'Extrême-Orient qu'affligeaient en grand nombre des séismes et des inondations, si bien que la maladie, la famine et le malheur s'étaient abattus en tous lieux. Le roi en était fort troublé, car il n'aimait pas voir souffrir ses sujets. Ayant rassemblé autour de lui les plus grands sages du royaume, il leur dit : « Mon peuple a le cœur lourd. Il ne comprend pas la raison de si nombreux malheurs. Que puis-je lui dire qui le réconfortera et l'aidera à supporter ses souffrances ? » Les sages répondirent au roi : « Il existe une grande vérité qui aura l'effet que tu souhaites. Dis à ton peuple : « Cela aussi viendra à passer." »

Ces simples mots apaisèrent les sujets du roi, tout comme ils peuvent apaiser quiconque aspire, dans sa quête de spiritualité, à en comprendre le sens. Ils lui révèlent la nature même de l'existence et, plus particulièrement, la nature des souffrances qui nous sont infligées. La personne qui parvient à comprendre *pourquoi* toute chose vient à passer et pourquoi ce passage ne s'accompagne pas forcément de blessures, peut accéder à un univers supérieur. Nous approfondirons ce phénomène en nous penchant sur « le nœud du problème ».

Vous êtes-vous déjà impatienté parce que vous ne parveniez pas à défaire un nœud ? Bien sûr que si. Vous vous êtes battu contre des lacets de chaussures ou un fil à pêche récalcitrant. Un nœud dans une fine chaîne d'or ou d'argent est particulièrement récalcitrant.

Quand on s'efforce de défaire un nœud, l'impatience nous gagne. Mais si nous réfléchissons à ce problème avec logique, il devient évident que le nœud contre lequel nous nous battons n'est pas doué d'intelligence ; il ne fait rien pour nous contrarier et provoquer notre colère. Pourtant, nous succombons à son pouvoir. Nous sommes à la merci du nœud.

Mais puisque ce nœud n'a aucun pouvoir sur nous, d'où vient l'énergie qui nous soumet à son influence ? De notre perception du problème. Notre perception du nœud est le seul pouvoir que celui-ci possède. Ce pouvoir n'est pas *dans le nœud* ; il est *en nous*. Nous ne saurons nous affranchir de la frustration ou de la colère que nous ressentons devant ce nœud tenace tant que nous n'apprendrons pas à séparer la chose elle-même du pouvoir que nous lui conférons. Il est vrai que ce nœud existe. Mais il est faux de croire qu'il possède un quelconque pouvoir sur nous. C'est notre perception du nœud qui lui confère ce pouvoir.

Nous avons souvent l'impression d'être dominé par les circonstances, d'être victime d'une société injuste, des bouleversements économiques, de nos relations affectives malheureuses, même d'une chaise de jardin qui résiste à nos tentatives pour la déplier. Nous nous débattons contre ces circonstances, nous avons le sentiment de succomber à leur influence « maudite ». Mais le fait est que ces événements ne sont néfastes que dans la mesure où nous les jugeons tels. Le seul pouvoir qu'ils possèdent est celui que *nous* leur conférons. Comment pouvons-nous en avoir la preuve ? Un autre témoin du même événement pourrait n'y voir rien de négatif. Si nous parvenons à discerner entre la chose en soi et le pouvoir que nous lui attribuons, nous serons dans la bonne voie pour nous affranchir de tout ce qui nous irrite. Le fait d'aspirer à comprendre notre souffrance en projetant sur elle les feux du vrai nous enseignera comment mettre fin aux réflexes qui nous incitent à transmettre notre énergie vitale à des circonstances qui, sans elle, n'auraient aucun ascendant sur nous. Si vous souhaitez vraiment devenir libre, dirigez cette lumière sur votre passé pénible et glacial : les problèmes qui s'y tapissent fondront sous la chaude lumière du vrai et, désormais, aucun aspect de votre vie ne vous fera souffrir.

Vous pouvez triompher de tout

Toute situation n'est que la réunion temporaire d'un certain nombre d'éléments disparates. Il suffit d'une variante pour modifier cette situation. Prenons un exemple simple : un gâteau au chocolat. Ce gâteau résulte de l'amalgame de plusieurs ingrédients. Omettez l'un de ces ingrédients, et le gâteau sera différent. Si vous omettez le chocolat, il en résultera un gâteau à la vanille. Si vous omettez la farine, vous modifierez la texture du gâteau. Il en sera de même si vous oubliez les œufs. La circonstance qui porte le nom de « gâteau au chocolat » requiert, pour exister, tous les ingrédients nécessaires, sans quoi il s'agira tout simplement d'autre chose.

Appliquons maintenant ce principe à une situation psychologique précise, par exemple, l'anxiété qui accompagne une relation amoureuse contrariée. Les circonstances négatives que l'individu anxieux perçoit comportent un certain nombre d'éléments disparates. Omettez l'un ou l'autre de ces éléments, et la situation en est transformée. Quels peuvent être ces éléments ? Cette situation négative aurait-elle eu lieu sans que la personne concernée ait agi comme elle l'a fait ? Non. Aurait-elle eu lieu si l'un des partenaires n'avait pas cru que son bonheur dépendait de l'autre personne ? Non. Voilà quelques-uns des éléments qui créent une circonstance négative. La situation n'est en réalité rien de plus que la réunion provisoire de ces éléments disparates. Une chose qui semble vraie et concrète a pris forme aux yeux de la personne anxieuse, mais la perception que cette personne a des circonstances est *un des éléments* de ce rassemblement provisoire, celui qui transforme une situation donnée en moment douloureux.

Supposons qu'il s'agisse d'une femme. La perception que cette personne anxieuse a eue d'une suite d'événements a créé une situation à laquelle elle confère maintenant un certain pouvoir. Mais elle croit que cette situation exerce sur elle son emprise. Sa vision des choses la relie aux circonstances, et c'est en raison de ce lien que l'événement se perpétue de lui-même. Aux yeux de la femme, celui-ci gagne en importance, tout comme sa faculté de lui infliger des blessures. La femme ne comprend pas que, si elle cessait de s'inquiéter des circonstances, elle s'affranchirait de leurs effets néfastes. Ce qui nous amène à une constatation importante que nous ne devons pas nier si nous aspirons à gagner la guerre qui fait rage en nous-même : chacun de nous, à sa façon et à des degrés divers, aime ses souffrances.

Le secret qui entraîne la disparition des circonstances douloureuses

Nous avons beau nier ce fait, nos souffrances occupent beaucoup de nos pensées. Nous devons admettre que le fait d'accorder de la crédibilité à des circonstances désagréables et de les croire inévitables *est l'une des conditions qui favorisent leur perpétuation*. Retranchez un des éléments qui, réunis, donnent lieu à une situation, et cette situation en sera transformée. Lorsque nous cessons de transmettre notre énergie vitale à un événement qui nous dépasse, son pouvoir illusoire disparaît. Nous nous libérons aussitôt de la certitude d'avoir à nous soumettre à son influence.

Nous avons vu qu'aucune circonstance, aucun événement négatif ne jouit d'une existence propre. Nous pourrons donc nous en affranchir dès que nous aurons compris la nature de son emprise sur nous. Jusqu'à présent, nos pensées étaient *issues de* notre souffrance. Désormais, nous devrons *diriger nos pensées vers elle*. Nos connaissances nouvellement acquises nous aident à voir au-delà de cette souffrance plutôt que d'observer l'univers avec ses yeux. Quelle différence !

Comme l'affirme l'auteur Maurice Nicoll, « Nous ne croyons pas davantage que bon nombre de nos problèmes insolubles, de nos perplexités et des questionnements auxquels nous ne trouvons pas de réponse existent *en raison du type même de conscience* innée que nous possédons, et que notre accession à une conscience supérieure les ferait tout simplement disparaître ou modifierait radicalement notre façon de les envisager. »

Nous avons compris que notre vision des choses crée les situations dont nous faisons l'expérience, et que ces situations se composent d'un tas d'éléments disparates qui, pris séparément, n'ont aucune signification.

Lorsque notre perception réunit et organise ces divers éléments et qu'elle se joint à eux par l'entremise d'une attente ou d'un désir, elle leur insuffle une énergie vitale. Nous avons alors l'impression d'être confronté à une entité ténébreuse et fixe qui détient le pouvoir de nous faire souffrir. Mais ce n'est pas du tout le cas. Ce qui a lieu est la réunion d'éléments distincts dont nous dépendons. Notre perception leur confère ce pouvoir. Lorsque nous amalgamons tous les ingrédients d'un gâteau avant de le mettre au four, ce gâteau acquiert à nos yeux une réalité concrète. Mais, en fait, le gâteau se compose d'ingrédients individuels qui ne peuvent être intégrés au gâteau sans notre concours.

Pourquoi sommes-nous si aveugle à cela dans notre propre vie? Pourquoi ne laissons-nous pas les événements se produire, passer et mourir sans nous en emparer? Parce que nous avons trop l'habitude de vivre au cœur de l'orage: nous ignorons qui nous sommes si la douleur ne se charge pas de nous le rappeler. Si étrange que cela puisse paraître, nous accueillons la souffrance à bras ouverts, car elle nous donne *le sentiment d'exister*. Mais qui a le sentiment d'exister? Notre faux moi. Notre ennemi intime.

N'est-ce pas une bonne nouvelle pour ceux d'entre nous qui aspirent à s'affranchir des douleurs factices pour accéder à la vie spirituelle? Tout ce qui nous semblait réel et douloureux n'est que le produit d'une erreur de perception. Parce que nous étions convaincu qu'une situation donnée détenait le pouvoir de nous faire souffrir, nous lui avons attribué ce pouvoir et la faculté de se perpétuer. Maintenant, nous comprenons que, si un événement est laissé à lui-même, il passera. L'expression «Cela aussi viendra à passer» nous est donc révélée dans toute sa sagesse. Toute réunion provisoire d'événements ne durera qu'un temps si nous savons ne pas perpétuer son existence par la pensée.

Un gâteau n'est pas un gâteau s'il lui manque un ingrédient. Mais nous avons sans cesse refait le gâteau amer de notre existence. Maintenant que nous sommes conscient des faits, nul besoin pour nous d'être encore victime de nos erreurs de perception. Nous pouvons dire à notre souffrance: «Tu n'as aucun pouvoir sur moi. Ton empire est une illusion. Les nœuds qui me ligotent sont dépourvus de tout pouvoir autre que celui que leur confèrent mes propres erreurs de perception. Dorénavant, je m'efforcerai de voir les choses telles qu'elles sont. »

Maintenant que nous comprenons qu'une circonstance négative est en soi inoffensive, nous pouvons tourner le dos à ce qui nous semblait être une punition permanente et nous diriger vers le plaisir permanent, c'est-à-dire vers le vrai.

Tout vient à passer. Cette vérité est merveilleuse : la douleur ne dure pas ; le plaisir non plus. Lorsque les circonstances de votre vie vous semblent là pour durer, détrompez-vous. Émettez un doute raisonnable. Découvrez par expérience qu'une situation négative si douloureuse n'est pas du tout ce qu'elle semble être. À mesure que changera votre vision des choses, vous omettrez un ingrédient critique du gâteau de la vie. Il en résultera un gâteau entièrement différent.

Ralliez-vous l'univers

Nous subissons chaque jour une multitude de blessures si familières que nous ne les remettons pas en cause. Nous les accueillons au contraire volontiers, comme nous le ferions d'amis ou de distractions propres à nous occuper. Ces blessures vont des petites irritations à la pointe d'anxiété que nous ressentons chaque fois que nous émettons un chèque et que nous voyons diminuer notre solde, en passant par les inquiétudes que suscite notre état de santé. Nos plus grandes blessures proviennent de nos relations avec autrui.

Chaque jour, une tempête fait rage. Parfois, nous nous en tirons indemne. Parfois nous n'avons pas la force de l'affronter et nous craquons. Mais peu importe le nombre d'orages qu'ils traversent, la plupart des gens arborent un masque et prétendent que tout baigne dans l'huile. Ils disent avoir la situation en main et s'irritent qu'on puisse en douter. Pour se persuader que leurs réactions émotionnelles sont justifiées, ils imputent leur souffrance à des circonstances extérieures. Si tout va mal, ils troquent leur masque « Je domine la situation » pour leur masque « Je suis démoralisé ». Mais un masque est toujours un masque. Une personne qui voit en autrui la cause de ses malheurs, qui refuse de prendre ses responsabilités, ne porte pas sur elle-même un jugement équitable. Tout cela peut changer à la condition que nous soyons disposé à admettre la réalité de ces révélations sur notre nature profonde. Nous devons descendre nous-même au cœur du vrai afin d'y puiser la force qui nous fait défaut. Commençons par admettre que les tempêtes quotidiennes nous abattent. Puis, dénichons quelque part le courage d'avouer que nous devons changer notre attitude devant la vie. C'est au moment de constater nos torts que nous pourrons demander au vrai de nous indiquer la voie à suivre. Le vrai existe. Nous pouvons en faire partie dès lors que nous cessons de nous porter à la défense de toutes ces erreurs qui nous ont fait souffrir.

Remémorez-vous un événement qui vous a irrité aujourd'hui. Peut-être avez-vous été tourmenté par ce doute : « Dois-je ? Ne dois-je pas ? » Avez-vous jamais songé que cette interrogation même pouvait vous occasionner des souffrances inutiles ? N'est-il pas vrai que nous voulons avant tout nous affranchir de la douleur qui nous assaille lorsque nous nous demandons quoi faire afin de cesser de souffrir ? Que dire ensuite du tourment que nous ressentons lorsque nous appréhendons l'opinion que les autres ont de nous ? Nous sommes-nous déjà demandé pourquoi nous accordons tant d'importance à leur jugement, ou si ce jugement diminuera l'estime que nous avons de nous-même ? Nous nous irritons lorsque les autres ne nous traitent pas comme nous pensons le mériter et nous demeurons aveugle au fait que nous nous infligeons à nous-même ce tourment, qu'il ne provient pas d'eux. Voilà quelques-unes des leçons que nous pouvons tirer de la souffrance. Lorsque nous acceptons de recevoir ces leçons, nous découvrons que nous avons créé nous-même l'orage qui s'est abattu sur nous.

Chaque expérience de notre vie est un reflet de notre nature profonde. Toute expérience vécue prend sa source dans notre vie intérieure. La vie se déploie du dedans au dehors. Nous récoltons ce que nous savons, ce que nous voyons, ce que nous recherchons. L'anxiété qui est la nôtre lorsque nous pénétrons dans une pièce et que nous nous dirigeons vers un fauteuil est un reflet de nous-même et non pas des personnes présentes. L'existence même de cette anxiété prouve que nous ne comprenons pas nos souffrances, car si nous les comprenions, nous ne tolérerions pas une seconde de plus leur présence dans notre psychisme.

La vie est une pure merveille. Chaque jour offre de nouveaux horizons à notre curiosité. Mais nous nous enfermons dans un univers ténébreux créé de toutes pièces par notre vision tordue des choses. Le plus merveilleux est que nous pouvons guérir de tous nos maux : il suffit d'aspirer à une conscience éveillée qui permette au vrai de nous envelopper de sa lumière régénératrice. Lorsque cela se produit, même nos souffrances nous sont précieuses, car chacune nous offre l'occasion de prendre conscience de tout le mal que nous nous sommes fait. Cette révélation nous procure le courage nécessaire pour mettre à jamais fin à nos autotrahisons.

La découverte que certains aspects de nous-même jouent contre nous est bouleversante. Mais lorsque nous parvenons à comprendre que ce sont ces aspects qui ont donné naissance aux souffrances qu'ils avaient promis d'apaiser, nous recherchons avidement — et nous trouvons — l'ami véritable qui saura nous guérir. Le vrai est votre seul allié. Et quand vous saurez vivre dans le vrai, l'univers entier se ralliera lui aussi à vous.

Résumé

On n'éprouve qu'une fois la douleur de savoir que l'on ne sait que faire, tandis que la douleur inhérente à la prétention de comprendre dure aussi longtemps que la prétention.

— Guy Finley, *Les voies de l'émerveillement*

Chapitre trois

Des moyens positifs pour se défaire des esprits malins

On ne peut empêcher les oiseaux du malheur
de voler sur nos têtes, mais on peut les empêcher
de construire leur nid dans nos cheveux.

PROVERBE CHINOIS

Peu importe le bonheur que nous ressentons, pour la plupart d'entre nous un malheur n'est jamais bien loin. Il se tapit dans l'ombre en attendant le moment propice pour s'élancer sur nous. Quand cela se produit, notre gagne-pain, nos relations personnelles et nos tentatives de spiritualité s'en trouvent menacés. L'emprise du malheur est-elle inévitable ? Disposons-nous de moyens positifs pour nous libérer des esprits malins ? Les nouvelles sont encourageantes : ces moyens *existent*. Ils se fondent tous sur une connaissance accrue du défaitisme et du tort que celui-ci nous cause.

Nous avons tous été élevés dans l'acceptation de la défaite. Nous tolérons nos tourments, en espérant seulement être en mesure de les surmonter. Nous marchons sur la pointe des pieds lorsque nos proches sont sous l'emprise d'un sentiment défaitiste. Les parents ne savent pas composer avec le défaitisme de leurs enfants. Deux raisons nous font dorloter d'aussi noirs états d'esprit. D'une part, l'estime de soi et l'autoprotection : notre défaitisme nous appartient et nous tenons à le défendre. D'autre part, la peur : nous craignons notre défaitisme, si bien que nous lui résistons. Ainsi que nous l'avons vu dans le chapitre précédent, il puise son dynamisme dans notre résistance. La solution consiste à comprendre l'essence du défaitisme et à apprendre à déceler ses agissements secrets.

Pour commencer, convenons d'être beaucoup plus sévère avec nous-même... *et* avec ce qui nous a fait le plus de tort. Si nous nous soumettons servilement à une émotion négative dans l'espoir qu'elle s'estompera et nous laissera tranquille, nous l'invitons à se manifester encore et encore. Il y a beaucoup mieux à faire que de nous mettre en colère ou de sombrer dans la dépression chaque fois qu'un événement vient contrecarrer nos projets. Voici quelques énoncés libérateurs :

Énoncé numéro 1 : *Le défaitisme est une forme d'opposition.* Lorsque nous adoptons une attitude défaitiste, nous nous opposons à la vie telle qu'elle nous est offerte. Nous apposons à tel ou tel événement l'étiquette de « mauvais ». En réalité, la vie n'est ni bonne ni mauvaise, pas plus que l'océan n'est pour ou contre les houles qui le remuent.

Énoncé numéro 2 : *La vie est un tout et ce tout est bon.* Les petits événements de la vie sont le reflet d'un scénario plus vaste qui dépasse notre entendement. Mais tous contribuent à notre croissance et à notre développement et tous, si nous savons les percevoir avec acuité, peuvent nous hisser vers notre moi supérieur. Lorsque des événements négatifs semblent se produire, ces événements ne sont pas négatifs *en eux-mêmes*. Simplement, nous ne percevons pas le tout dont ils font partie et les jugeons de ce point de vue réducteur. Le défaitisme que crée notre jugement critique nous fait du tort et nous empêche de connaître le bien.

Énoncé numéro 3 : *Chaque fois que nous acceptons le défaitisme, nous sommes une menace pour nous-même, nous multiplions nos conflits intimes et ceux qui nous opposent à autrui.* Curieusement, nous acceptons le défaitisme, car il nous confère un sentiment aigu d'individualité. Le fait de nous sentir à part, à l'écart du tout, nous procure un dynamisme factice. Notre défaitisme nous est précieux, car il accentue les frontières du moi. «Je suis peut-être malheureux, songeons-nous, mais au moins je sais qui je suis et de quoi ma vie retourne.» Mais ce «je» que nous croyons connaître n'est qu'une fausse image, et cette vie qui n'a plus de secrets pour nous n'est qu'une lutte sans fin pour sauvegarder ce qui, de toute façon, n'a jamais existé.

Les preuves abondent! Regardez autour de vous: tous ces visages tristes qui reflètent la colère, l'apitoiement sur soi, la défaite et combien d'autres sinistres sentiments! Quels efforts ne déployons-nous pas pour afficher une expression sereine? Avons-nous jamais songé aux secrets que révèle notre visage? Et comment les noirs esprits qui nous hantent peuvent saboter tous les sacrifices auxquels nous consentons pour préserver notre bien-être physique? Un des subterfuges de notre ennemi intime consiste à nous faire croire que ce qui nous détruit nous fait du bien. Regardez le monstre du défaitisme en face, et vous voudrez vous en libérer à jamais. N'ayez crainte: vous y parviendrez!

Surprendre les noirs esprits sur le fait

À l'occasion d'une de nos rencontres, Guy nous a promis que, la prochaine fois, il nous raconterait une histoire qui démasquerait nos funestes états d'esprit et les montrerait sous leur vrai jour. Il ne nous a pas déçus. Voici l'histoire.

Un commis-voyageur arriva par un bel après-midi dans une petite ville et décida d'y passer la nuit. Presque aussitôt, il prit conscience de l'ambiance étrange qui régnait dans la ville. Les rues étaient désertes, et le désordre régnait partout. Il connut bientôt les raisons de ce chaos. Tous les citoyens s'étaient rendus à la fête foraine à l'orée du bourg. N'ayant rien d'autre à faire, notre commis-voyageur décida de s'y rendre aussi.

En se promenant sur le champ de foire, il vit que la foule faisait la queue devant une des baraques sur laquelle avait été fixé un carton: «25 cents. Venez voir les monstres!» Intrigué, il vit les spectateurs regarder par une minuscule ouverture dans la paroi, pousser un cri et s'enfuir à toutes jambes. En prêtant l'oreille à leurs conversations, il sut que chacun avait aperçu un monstre différent. Sa curiosité étant piquée à l'extrême, il décida d'y regarder de plus près. Il prit place dans la queue et, au bout d'un long moment, ce fut son tour. Par l'ouverture dans la paroi, il aperçut une créature bizarre. Il en fut troublé, mais il ressentit en même temps une étrange fascination qui le retint sur place. Abasourdi, il s'éloigna enfin et s'aperçut que les gens qui avaient vu le monstre retournaient en bout de queue pour le revoir une fois de plus. Il fit de même.

Tandis qu'il attendait, le commis-voyageur demanda à l'homme devant lui depuis quand la kermesse était en ville. L'homme sembla lui-même surpris de sa réponse : « Eh bien, je ne sais pas… trois ans, je crois. » Cette réponse troubla le commis-voyageur, car il constata que le monstre exerçait sa fascination sur les gens depuis fort longtemps.

Ici, Guy interrompit le fil de son récit pour nous dire que nous devons *nous* laisser bouleverser par ce dont nous constatons l'existence, par exemple le fait que nous nous livrions à l'autodestruction depuis trois ans, que nous nourrissions les mêmes rancunes depuis 30 ans, ou que nous soyons depuis toujours anxieux. Voilà des années que nous nous faisons du tort à notre insu.

Le commis-voyageur comprit que la petite ville était la proie d'un phénomène étrange et qu'il était, tout autant que les autres, devenu victime de cette fascination. Il se surprit même à décider de prolonger son séjour. Sa curiosité était piquée. Que se passait-il donc ? Comment pouvait-il y avoir là un si grand nombre de créatures différentes ? Pourquoi attiraient-elles les curieux à ce point ? Il décida de mener une petite enquête.

Ce soir-là, après la fermeture du champ de foire, il retourna à la baraque des monstres. En y pénétrant par la porte arrière, il n'aperçut rien d'autre, devant l'ouverture dans la paroi, qu'un miroir debout. Quoi ? ! Le monstre qu'il avait observé n'était donc que son propre reflet ? Mais au moment précis où il tirait cette incroyable conclusion, la porte arrière s'ouvrit et le vieux gardien pénétra dans la baraque.

— Étonnant, n'est-ce pas ? fit le vieil homme.

Le commis-voyageur ne sachant que répondre, le gardien poursuivit : « C'est la première fois que quelqu'un revient ici le soir pour constater de quoi il s'agit. Ce miroir, dit-il, est un réflecteur magique qui révèle la vie intérieure de ceux qui s'y regardent. » Il inspira lentement avant de plonger son regard dans celui du commis-voyageur : « Ce réflecteur dévoile les esprits auto-stoppeurs qui s'emparent du cœur et de la tête des individus. Bien entendu, poursuivit-il non sans une certaine désinvolture, ces esprits n'ont aucune vie propre. Ils dérobent celle des hommes et des femmes distraits auxquels ils s'attachent. » Les pensées se bousculaient dans le cerveau du commis-voyageur. Il ne supportait plus d'entendre des propos aussi troublants. « C'est ridicule ! » s'écria-t-il. Puis il courut à son hôtel.

De retour à sa chambre, il constata que le climatiseur ne fonctionnait pas, que le préposé à la réception était absent et qu'aucun restaurant n'était ouvert. De plus en plus irrité, il arpenta sa chambre. Ce faisant, il passa devant le miroir de la commode. Du coin de l'œil, il aperçut un reflet hideux.

Guy interrompit une fois de plus son récit pour nous dire que, lorsque quelque chose nous bouleverse, nous évitons de nous regarder dans le miroir. Nous n'aimons pas y voir notre reflet quand un esprit auto-stoppeur s'est emparé de nous.

La vue de son reflet dans le miroir troubla encore plus le commis-voyageur. Il comprit que tout ce que lui avait dit le vieux gardien était vrai : il pouvait se laisser capturer par des états d'âme morbides qui lui causaient du tort. Il sut aussitôt ce qui lui restait à faire.

Le commis-voyageur retourna voir le vieux gardien afin d'en savoir plus long. Le vieil homme lui dit : « Efforcez-vous de comprendre les esprits auto-stoppeurs. Ils n'ont aucune vie propre. Ils n'existent pas. C'est *vous* qui leur donnez naissance. Ils ne peuvent vivre sans votre permission. » Le commis-voyageur protesta : « Mais je *ne leur permets pas* de vivre. Je les *déteste*. »

Le vieil homme sourit à part soi et poursuivit : « Cette haine est précisément l'instrument secret qui nous permet d'accueillir nos noirs états d'âme. Nous les détestons, car nous pensons qu'ils sont nous-même, non pas une circonstance qui viendra à passer. Le fait de désigner par "je" un état d'esprit morbide a pour conséquence de conférer à celui-ci un pouvoir qu'il ne possède pas. Vous devez cesser de laisser vos pensées et vos émotions défaitistes prendre possession de vous. » Il sourit à nouveau et ricana sous cape comme s'il se racontait une bonne plaisanterie. «Dites plutôt *ciao* à votre moi négatif. »

Le commis-voyageur écouta encore quelque temps le vieux gardien lui en apprendre davantage sur la façon de se libérer de ces envahisseurs psychiques. Puis il mit en pratique les leçons reçues et, muni de cette sagesse toute neuve, il transforma sa vie.

Ne permettez pas aux esprits auto-stoppeurs de s'emparer de *votre* vie. Sachez percer à jour leurs mensonges habiles. Que cette pensée éclaire votre parcours : ne pas vouloir être malheureux équivaut à accueillir le malheur. Si vous opposez une résistance au malheur, vous lui insufflez la vie. Optez plutôt pour une solution éclairée : la prochaine fois qu'un noir état d'âme – colère ou dépression – se manifestera, ne lui résistez pas. Empêchez-le de vivre ; tirez-vous de votre sommeil psychique et réfugiez-vous dans le silence. Sachez voir cet esprit auto-stoppeur tel qu'il est et refusez de lui insuffler votre énergie vitale. Prenez l'esprit auto-stoppeur sur le fait, et ne lui ouvrez surtout pas la porte !

Découvrez le fin fond de la trahison

Nous nous faisons des opinions sur la personne que nous sommes, sur le déroulement de notre vie et sur la façon dont nous devrions être traité. Nous pensons que, si tout se passe comme prévu, nous serons en sécurité. Par la même occasion, nous percevons comme un ennemi tout ce qui vient contrecarrer nos plans. Quels sont ces ennemis ? Les personnes qui ne nous témoignent pas le respect que nous méritons ; l'incertitude de l'avenir ; les situations embarrassantes qui nous révèlent sous notre vrai jour. Pour nous protéger des attaques éventuelles de ces ennemis, nous empruntons un chemin qui nous permet de nous montrer plus puissant qu'eux. Nous travaillons pour nous enrichir, pour réussir, pour paraître plus intelligent que nous ne le sommes – bref, nous faisons l'impossible pour nous croire supérieur à ce qui pourrait nous blesser.

De tels comportements ne nous procurent jamais une sérénité durable. Pourquoi? Parce que l'ennemi dont nous voulons triompher n'existe pas. Cet ennemi est en nous; c'est notre ennemi intime. Il n'est que le produit de notre méconnaissance de nous-même. Un moi appréhensif transformera en ennemi un événement anodin et tentera aussitôt de s'en protéger. Quelles que soient les mesures que nous prenions, la guerre continuera de faire rage, car tant et aussi longtemps que le moi appréhensif verra des ennemis partout les combats n'auront pas de fin.

Prenons l'exemple suivant. Supposons qu'en parcourant un périodique vous tombiez sur un reportage centré sur la précarité de l'économie nationale. Une petite voix vous souffle des mises en garde qui vous font frémir de la tête aux pieds. Vous vous entendez songer: «Si je perdais mon emploi?» L'inquiétude qui vous tarabuste n'a pas d'existence réelle et ne vous causerait aucun tort si vous la laissiez suivre naturellement son cours comme lorsqu'un refrain vous traverse l'esprit, puis s'estompe. Mais vous commettez l'erreur de retenir cette pensée et toutes les émotions qui l'accompagnent. Vous voilà sous l'emprise d'un esprit auto-stoppeur. Vous avez l'impression qu'il est vous et qu'il se lance à votre poursuite. Puis, ce tourbillon de pensées et d'émotions en attire d'autres. Vous venez de créer un faux moi. Si vous avez créé un «moi rebelle», vous optez pour la ligne dure. Si vous avez créé un «moi timide et faible», vous sombrez dans la dépression. Dans tous les cas, votre journée est foutue! Mais *toute cette situation,* y compris le nouveau moi qui souffre, n'est qu'un amalgame de pensées. Lorsque vous haïssez ou appréhendez quelque chose, vous réagissez à une pensée, et cette réaction vous donne l'impression d'être animé par la haine ou la peur et de livrer une authentique guerre à un ennemi authentique. Vous ne pourrez jamais triompher d'un ennemi aussi terrifiant hors de vous-même, *car cet ennemi n'existe pas,* il n'est que le produit de votre imagination.

Seules nous bouleversent les peurs que nous créons nous-mêmes, et non celles dont nous afflige la nature.

PASCAL

Ce n'est pas facile à comprendre. Après tout, nous *croyons* à l'existence d'un ennemi réel lorsque la situation économique nous accule au chômage. Bien sûr, si nous perdions notre emploi, nous devrions prendre les mesures qui s'imposent. Mais nos appréhensions vont bien au-delà de cette éventualité. Elles sont liées à l'opinion que nous avons de nous-même. « Je ne vaux rien », nous disons-nous. « On me dénigrera », craignons-nous. Si bien que nous attribuons à une perte d'emploi éventuelle le pouvoir de nous dire qui nous sommes, de dicter aux autres l'opinion qu'ils doivent avoir de nous et les critères en vertu desquels ils nous jugeront. Pourquoi consacrer notre vie à une lutte sans espoir parce que des adversaires s'affrontent dans notre propre tête ? Notre perception des circonstances *crée* ces circonstances. Lorsque nous adoptons le point de vue de la victime, tout nous devient hostile, tout devient l'ennemi que nous avons nous-même créé. Lorsque nous cessons de voir dans ce moi une victime, nous sommes en mesure d'observer le monde avec nos vrais yeux. Le moindre événement acquiert aussitôt un sens différent.

Le message secret de la citrouille mécanique

Voici une amusante anecdote qu'a relatée Guy à l'occasion d'un sympathique dîner entre amis, et qui illustre magnifiquement ce principe. C'est l'époque de l'Halloween et, en compagnie d'un copain, Guy décide d'aller dîner au restaurant. En passant la porte de l'établissement, les deux amis sont assaillis par une citrouille mécanique surgie du mur avec des bruits terrifiants. Le premier choc passé, ils se rendent aussitôt compte que la citrouille est munie d'un détecteur électronique de mouvement qui provoque sa brusque apparition dès qu'une personne passe à sa portée. La citrouille qui les avait fait sursauter une seconde plus tôt devient aussitôt un objet de dérision. Ils rient de leur bêtise et de celle de tous les clients surpris par ce « fantôme » qui n'est rien d'autre qu'une babiole mécanique.

Il en va de même de notre cerveau. Une pensée surgit qui déclenche en nous une réaction mécanique. Tant que nous n'avons pas compris que la pensée terrifiante et le moi terrifié ainsi créé ne sont que des entités imaginaires qui traversent notre psychisme, nous ne pouvons dominer ni cette situation déplaisante ni le faux moi qui s'est précipité à notre rescousse. Mais dès que nous en prenons conscience, nous sommes confronté à un choix. Il suffit de comprendre que ce « danger » n'a aucune emprise sur nous pour que n'intervienne pas une peur réflexe ou une colère spontanée.

Vous pouvez être plus fort que tous les esprits malins

À mesure que notre lucidité projette un éclairage neuf sur les esprits malins qui nous avaient fait prisonnier, nous les perçons à jour. Nous ne triomphons pas d'eux en les mettant en déroute, mais bien en comprenant qu'ils n'ont jamais existé.

Jusqu'à maintenant, nous avions cru en nos noirs états d'âme et nous les avions craints, car nous les pensions plus puissants que nous. Nous n'appréhendons que ce qui nous semble apte à nous dominer. Nous avons peur du lion en liberté, car nous nous savons physiquement impuissant devant lui. Nous n'avons pas peur d'une simple feuille d'arbre, car nous savons qu'elle ne peut pas nous faire de mal. Nous ne pouvons pas craindre une chose sans d'abord penser qu'elle peut nous renverser. Mais c'est le plus souvent notre méconnaissance du « danger » qui nous pousse à le craindre et à lui attribuer un pouvoir qu'il n'a pas.

Un tas de choses dont nous avons peur parce que nous les croyons menaçantes sont en réalité inoffensives. Notamment, l'obscurité. L'obscurité ne peut pas nous faire de mal, pourtant, elle nous effraie. Pourquoi ? Les gens ont peur de l'obscurité parce qu'ils lui inventent des caractéristiques qu'elle ne possède pas. Le rapport qu'ils entretiennent avec ces facultés créées de toutes pièces est la source de leur appréhension. Nous imaginons des créatures qui se tapissent dans l'obscurité et nous en venons à les craindre. Il en va de même des autres états psychologiques défaitistes qui s'efforcent de nous dominer, tels que la colère, ou la peur de l'avenir ou de l'opinion des autres. Nous conférons des pouvoirs à ces pensées et à ces émotions fugaces, puis nous nous soumettons à elles ou nous leur résistons.

Supposons que l'un de ces noirs états d'âme soit la dépression. Nous *cédons* à la dépression en nous cachant pour bouder; nous lui *résistons* en nous efforçant de l'oublier. Mais quoi que nous fassions, cet état perdure, car aucun de nos actes n'a le pouvoir de l'éliminer. Au contraire, nos actes *donnent vie* à un état en soi inoffensif. Toutes nos tentatives pour nous en libérer ne parviennent qu'à en resserrer les liens. Nous ne pourrons jamais surmonter ces funestes états d'âme. Mais nous pouvons les comprendre et, les comprenant, passer outre.

L'un des aspects les plus difficiles à maîtriser dans notre volonté de remporter la victoire sur nous-même est le rapport que nous entretenons avec nos noirs états d'âme: ils nous fascinent. Oui! Mais pourquoi les valorisons-nous autant? La réponse vous étonnera.

Nous tenons à nos funestes états d'âme en raison du fort sentiment d'identité qu'ils éveillent en nous. C'est difficile à comprendre? Mettons en lumière un certain nombre de faits libérateurs. Nul d'entre nous ne veut admettre qu'il valorise l'apitoiement sur soi, la colère ou la dépression. Nous le nions avec véhémence en prétextant qu'après tout nous luttons contre de telles tendances. Mais cette lutte nous procure l'illusion de vivre pleinement, elle fait de nous le centre d'intérêt et nous donne le sentiment d'agir avec dynamisme. Plus nous nous débattons, plus notre défaitisme acquiert pour nous de l'importance, car il nous enthousiasme et nous confère une certaine valeur à nos propres yeux. Notre sentiment d'exister n'est jamais si grand que lorsque nous sommes furieux, blessé ou démoralisé. Bien entendu, ce moi est un moi factice, créé de toutes pièces. Mais il nous *semble* réel. Voilà pourquoi nous tenons à lui. En lui insufflant notre énergie vitale, nous laissons le défaitisme nous donner l'illusion de vivre avec courage. Par conséquent, nous passons à côté de la vraie vie qui nous appartiendrait si nous n'étions pas si tourné vers le faux.

Est-ce que vous me suivez? Nous avons démasqué le pouvoir secret de tous nos esprits malins. Un faux aspect de nous-même se convainc d'exister lorsque nous le bombardons de sentiments négatifs. L'esprit du moi ainsi créé et valorisé concentre son attention sur notre défaitisme et lui transmet notre énergie vitale. Il érige autour de lui tout un échafaudage de pensées qui justifient son existence et le maintiennent en activité. Ce phénomène agit à l'encontre de notre moi réel. Mais si nous parvenons à percer à jour ce mensonge, nous pouvons triompher de nos noirs états d'âme et adopter une attitude différente qui prouvera leur caractère anodin. Voyons en quoi consiste cette attitude…

Le pouvoir de dissoudre le défaitisme

La prochaine fois que vous vous sentirez glisser vers le défaitisme, faites en sorte de vous en libérer. Votre connaissance du processus en cours vous en donnera le courage. Supposons que vous deviez faire quelque chose, mais que vous n'osiez pas, par crainte des conséquences – par exemple, parler en public. Vous avez toujours cru à la nécessité de la peur, comme si celle-ci pouvait éloigner de vous les situations que vous appréhendez. Muni de votre nouveau savoir, vous voyez plus clairement en vous. En premier lieu, vous remettez cette peur en question et doutez de son aptitude à vous protéger, puisque le seul pincement que vous ressentez est celui de la peur elle-même. Ensuite, vous comprenez que vous attachez de l'importance à votre appréhension, car elle vous revalorise en secret. Bien sûr, vous avez toujours prétendu détester les sentiments qui vous animent, mais vous voyez maintenant que votre faux moi est heureux d'exister, même dans la souffrance.

Supposons que vous deviez adresser la parole à un groupe de collègues. Votre conférence n'aura pas lieu avant plusieurs semaines, mais vous souffrez déjà de trac et vous perpétuez ce trac en y pensant sans cesse. Comme vous voyez la futilité de cette réaction, vous adoptez une attitude inédite. Vous refusez de céder à votre appréhension en vous cachant dans un coin pour trembler. Vous refusez aussi de la combattre en crânant et en feignant le calme. Vous décidez de passer outre. Vernon Howard a décrit cette attitude en des mots très simples : « Persévérez, même si vous avez peur. » En d'autres termes, allez de l'avant sans tenir compte de votre état d'âme. Vous êtes conscient du trac qui tente de vous dominer, mais vous ne réagissez pas. Vous cessez de lui insuffler votre énergie vitale. Si bien que cette conférence se révèle moins traumatisante que n'a tenté de vous le laisser croire votre imagination. En outre, vous savez que, grâce à cette nouvelle compréhension, vous ne serez plus jamais la victime impuissante du trac.

Transposé dans la pratique, ce nouveau savoir vaut pour tout état d'esprit négatif : solitude, colère, et quoi encore. Ne vous arrêtez pas pour discuter avec lui ou pour nier son existence. Passez outre. Cela devient possible si vous comprenez que *vous* êtes la seule raison de sa présence. C'est en réalité très simple, du moment que nous acceptons de devancer notre faux moi. Nous devons laisser derrière nous ce faux moi qui observe notre funeste état d'âme de *ses propres yeux* et lui confère son pouvoir. Nous devons comprendre que notre défaitisme n'a pas à se mêler de *nos* affaires, et qu'il ne le fera pas si nous cessons de nous occuper de lui.

Il importe de comprendre ce que signifie nous détacher de notre défaitisme pour nous rendre compte que le sentiment d'exister qu'il nous procure n'a aucune valeur, n'étant fondé sur rien de réel. En outre, il n'est pas éternel, car *tout vient à passer*... En tenir compte nous épuise et nous rend vulnérable au prochain esprit auto-stoppeur qui croisera notre route. Lorsque survient un noir état d'âme, n'engagez pas les hostilités et ne capitulez pas. Poursuivez votre route comme s'il n'existait pas, car il n'existe pas. La nuit, quand l'obscurité nous effraie, nous allumons une lampe et la cause de cette peur disparaît, car la lumière chasse les images terrifiantes de notre imagination. Lorsque nous allumons une lampe intérieure, une lampe psychologique, nous constatons que nos noirs états d'âme n'ont de pouvoir que celui que leur confère notre obsession d'eux. En les combattant, nous leur faisons cadeau de notre propre force et, ce faisant, nous leur permettons de nous subjuguer. Mais nous avons le choix de poursuivre notre chemin comme s'ils n'existaient pas. Si nous agissons ainsi, ils se volatiliseront.

Nous avons tous pu constater ce fait de mille et une façons. Un jour que vous étiez triste, au lieu de lutter contre votre dépression vous avez fait une petite promenade. Au retour, tout allait beaucoup mieux. Pourquoi ? Parce que votre tristesse était une illusion dont vous avez su ne pas tenir compte. Sachez voir là un enseignement spirituel ; comprenez que la même chose est possible intérieurement. Ne tenez pas compte de votre défaitisme. Il disparaîtra de lui-même.

Découvrez le remarquable pouvoir de l'attention

L'une des armes les plus destructrices de la guerre qui fait rage en vous est l'attention : cette attention peut agir en votre faveur, ou à votre détriment. Dans les chapitres précédents, nous avons vu maintes fois que mésuser de notre attention pouvait aggraver un problème. Mais lorsqu'on y a recours correctement, l'attention peut nous dévoiler une circonstance dans toute sa vérité et nous ouvrir les portes de la liberté. Penchons-nous sur les remarquables pouvoirs de l'attention, sur son fonctionnement et sur son rôle transformateur.

En mésusant de notre attention, nous insufflons force et vie à des émotions et des idées qui autrement en seraient dépourvues. Lorsque nous concentrons notre attention sur ce qui nous cause du tort, notamment sur les esprits auto-stoppeurs, nous les invitons à s'emparer de nous ; mieux, nous leur en donnons le pouvoir. Comment cela se fait-il ? Guy résume ainsi ce phénomène :

L'attention anime

Lorsqu'on la concentre sur une idée, notre attention lui donne vie et dynamisme. Quelle que soit la pensée vers laquelle vous tourniez votre attention, cette pensée s'épanouira. Vous est-il déjà arrivé d'avoir une idée pour découvrir aussitôt qu'un ami ou un collègue avait eu la même ? Ne dirait-on pas qu'il a suffi que vous y réfléchissiez pour que cette idée s'anime et surgisse à l'esprit de quelqu'un d'autre ? Nous avons tous fait l'expérience de ce phénomène : arrêté à un feu rouge, vous regardez un passant sur le trottoir. Vous le suivez des yeux et, quelques secondes plus tard, voilà qu'il se retourne et vous regarde aussi ! Votre attention semble exercer une influence occulte.

Cette force magnétique peut être utilisée à bon ou à mauvais escient. Lorsque nous y recourons dans le cadre de notre travail ou pour effectuer un examen de conscience, elle sert nos intérêts. Mais lorsque nous l'utilisons inconsciemment pour renforcer des idées autodestructrices, elle freine l'éclosion de notre courage, de notre bonheur et de l'amour. Nous sommes toujours au seuil d'une vie différente et meilleure. Le fait de prendre conscience des causes réelles de nos souffrances nous permet de diriger notre attention ailleurs. Une force supérieure peut alors se manifester et nous aider à utiliser cette faculté pour notre bien.

Mais nous devons d'abord comprendre comment une attention mal employée nous nuit. Vous songez tout à coup à un problème qui vous chicote. Cette pensée choisit l'un de vos états intérieurs et lui attribue une « cause ». Quand une pensée surgit à votre esprit, votre esprit se concentre sur elle avec attention. Ce faisant, il anime cette idée, il lui donne vie – votre vie ! Voici un exemple de ce processus. En traversant son bureau, un homme croise son employeur qui pose sur lui un regard neutre. L'idée vient soudainement à l'homme que son employeur le juge négativement ou ne l'apprécie pas. Il se concentre sur cette pensée, ce qui a pour effet de la renforcer. Il se convainc que son patron le déteste. Cette pensée s'impose à lui et le tourmente jusqu'au soir, si bien qu'il s'emporte contre les membres de sa famille en rentrant à la maison. Un esprit auto-stoppeur est né de l'union entre un regard anodin et une attention mal dirigée.

Le plus étonnant dans cette affaire est que cette petite tragédie s'est déroulée *en dehors* de l'homme, mais non seulement il ne décèle pas son origine, il croit fermement que quelqu'un d'autre, en l'occurrence son employeur, en est responsable. Il tente de chasser ses idées noires en se querellant avec son patron, soit dans les faits, soit mentalement. Plus il se croit victime de la situation, plus il cherche à lui résister, car il voit en elle une entité indépendante de lui. Ce n'est pas le cas. Il lui a *donné naissance* en lui accordant toute son attention. Plus il lui résiste, plus la situation se détériore. Plus la situation se détériore, plus il lui résiste. Les choses vont de mal en pis, et plus elles empirent, plus il est convaincu que toute cette histoire prend sa source ailleurs qu'en lui-même. La situation ne se rétablira pas, tant et aussi longtemps qu'il n'aura pas compris que l'attention qu'il lui a accordée a animé sa pensée et lui a insufflé son dynamisme. Il doit prendre conscience de cela avant d'utiliser correctement cette arme puissante qu'est l'attention.

Puisez des forces nouvelles dans une attention vigilante

Maintenant que nous avons compris que l'attention anime, la solution à nos douloureux problèmes nous apparaît clairement. Nous devons recourir à une attention vigilante pour attraper au vol les pensées importunes et leur refuser notre assentiment.

Nous avons souffert d'avoir inconsciemment acquiescé à nos pensées négatives. Nous leur avons insufflé notre dynamisme, si bien qu'elles ont dicté nos comportements autodestructeurs, nous poussant à la bagarre, à l'abus de nourriture et d'alcool, aux dépenses inconsidérées, et ainsi de suite. En leur refusant notre assentiment, nous cessons de leur transmettre notre énergie. Nous ne leur résistons pas, nous n'essayons pas non plus de les transformer, car ces deux approches ont pour résultat d'intensifier le problème. Refuser d'acquiescer à des pensées négatives n'échoue jamais.

Lorsque nous souffrons, remarquons vers quoi nous dirigeons notre attention. Nous pouvons utiliser la souffrance comme une lunette pour regarder en arrière et constater ce à quoi nous avons acquiescé. Avec ce recul, nous pouvons mieux déceler l'objet de notre attention. Nous constatons que nous nous querellons mentalement avec un absent depuis une bonne demi-heure, que nous animons des pensées qui nous font souffrir. Nous souffrons parce que nous songeons à ce qui nous blesse ; nous sommes irrité parce que nous pensons à des choses qui nous irritent. Et voici ce que nous découvrons : *Si j'ai donné la vie sans le vouloir à cet esprit malin, je peux aussi la lui retirer en toute conscience.*

Jusqu'à présent, nous avons dirigé à notre insu notre attention sur n'importe quelle pensée inopinée. Dorénavant, nous ferons preuve d'une plus grande vigilance. En guise d'exercice, efforcez-vous plusieurs fois par jour de pénétrer par effraction dans vos pensées et de vous éveiller à vous-même. Vous pourriez, par exemple, choisir de prendre conscience de vous-même et de la nature de vos pensées chaque fois que vous passez le seuil d'une porte. Ainsi, en vous rendant de la cuisine au salon, vous entrez en vous et vous notez la pensée qui vous occupe : vous êtes préoccupé par ce que vous devez faire le lendemain. Vous constatez que rien ne vous oblige à vous en inquiéter en ce moment précis, mais que cette inquiétude vous a mis de mauvaise humeur. Vous savez que rien ne vous force à concentrer votre attention sur de telles préoccupations et que votre humeur massacrante est tout à fait factice. Vous dirigez aussitôt votre attention ailleurs, et vous passez une fin de soirée agréable.

Le présent chapitre a grandement mis en lumière notre ennemi intime. Nous avons vu que nos états d'âme défaitistes, tels des esprits auto-stoppeurs, tentent de s'emparer de nous. Fasciné par eux, nous nous rendons. Ainsi prend naissance un faux moi qui perpétue notre défaitisme afin d'assurer sa propre survie. Il attribue les émotions qui le bouleversent à des causes extérieures, alors qu'en réalité ce drame a lieu en nous-même. Une attention mal dirigée est le moteur qui l'anime et continue de l'alimenter.

Nos luttes intérieures prennent fin quand notre conscience en éveil nous permet de refuser d'acquiescer à ce processus. Plutôt que de lutter en vain, nous refusons délibérément les hostilités. Nous poursuivons notre route sans tenir compte de l'ennemi, qui se volatilise aussitôt car la seule énergie qui puisse le maintenir en vie est celle que nous lui insufflons nous-même.

Lorsque nous nous débarrassons des esprits malins, nous ne dilapidons plus nos ressources vitales dans d'inutiles combats. Nous sommes comblé par la vie et la lumière, et nous accueillons toute nouvelle expérience avec enthousiasme et curiosité. La vie *est* plénitude, la vie *est* bonté quand nous ne sommes plus prisonnier des ennemis que nous avons nous-même créés.

Résumé

Nos pensées peuvent nous ordonner, à notre insu,
de nous accrocher à nos doutes ; ou de plonger tête
première dans le bain de l'apitoiement sur soi-même.
Et comme nous ne savons pas qu'il existe
d'autres possibilités, nous leur obéissons.
Ce que nous ne savons pas encore, mais sommes en train
d'apprendre, même en ce moment, c'est que nous pouvons
nous réveiller au beau milieu de ces épreuves mentales.
Grâce à l'observation de soi-même, nous pouvons voir que
ces pensées destructrices ne sont que cela : des pensées.
Elles n'ont aucune autorité réelle, ce qui signifie que leur
direction inconsciente n'a pas besoin d'être notre destinée.

— Guy Finley, *Les clés pour lâcher prise*

Chapitre quatre

Affrontez votre ennemi intime et triomphez de lui

La découverte de ces choses cachées est en soi une expérience purificatrice !
L'âme doit découvrir ce qu'elle enferme. De par sa nature, le moi doit savoir
de quoi il est fait, en quoi il consiste vraiment – dans tous les détails.

JEANNE GUYON

Au lecteur : L'enseignement contenu dans les pages qui suivent est vraiment
révolutionnaire. Je me penche sur la psychologie et la spiritualité depuis de nombreuses années, mais jamais encore ne m'avait-on proposé de meilleures explications de la confusion et du malheur humains, et de meilleurs moyens de les surmonter. Vous-même n'avez sans doute jamais lu quelque chose d'équivalent au
contenu des pages qui suivent. Selon Guy, pour tirer le meilleur parti possible de
cette extraordinaire matière, le lecteur devrait lire ce chapitre d'un trait afin d'en
retirer l'idée générale, puis le relire lentement afin d'en absorber le sens. En guise
d'introduction à ce qui promet d'être une étonnante découverte de la nature secrète
de votre ennemi intime, permettez-moi de relater ici une expérience personnelle.

E. B. D.

Alors que je n'étais encore qu'une adolescente, la lecture du roman *Orgueil et préjugé*, de Jane Austen, a eu sur moi une influence profonde. Dès les premières pages, j'ai su que je voulais ressembler à l'héroïne de ce roman, Elizabeth Bennet. Son flair et sa vivacité d'esprit, son intelligence et son aptitude à se gagner les faveurs du fier et noble M. Darcy, devinrent mon idéal féminin. J'ai dû lire ce livre une bonne demi-douzaine de fois au cours de ma jeunesse. Naturellement, mon expérience de la vie fut par la suite très différente de ce que ce roman me laissait espérer. Je ne suis pas devenue Elizabeth Bennet. Avec le temps, j'ai relégué ce personnage aux tréfonds de ma mémoire.

Bien des années après, la BBC (British Broadcasting Corporation) produisit une mini-série adaptée de ce roman. M'étant procuré les vidéocassettes de cette mini-série, je me replongeai pendant deux soirées entières dans l'univers merveilleux qui m'avait tant fascinée autrefois. Mais le meilleur restait à venir : la révélation que j'eus à la suite de ce visionnement, une fois rangées les vidéocassettes. J'avais pris place dans mon fauteuil préféré et je sirotais un thé sans penser à rien lorsque, tout à coup, je fus bouleversée par une émotion ancienne et familière. Une étonnante nostalgie m'envahit. Comme je me livrais depuis longtemps à de ferventes auto-analyses, cette mélancolie éveilla ma curiosité, et je m'efforçai de remonter à sa source. C'est ainsi que, à mon grand étonnement, je compris que j'étais redevenue la personne que j'étais à l'âge où je rêvais d'une vie d'héroïne de roman ! En cette minute révélatrice, je sus que le temps n'était qu'une illusion. L'adolescente que j'avais été, avec tous ses espoirs, ses rêves et ses appréhensions, était aussi vivante en ce jour que des années auparavant. Elle n'avait jamais cessé d'exister. Elle était demeurée tapie en moi, attendant le moment de se manifester. Je n'avais aucun doute là-dessus. Cette entité romantique qui avait pris forme en moi à la lecture du roman de Jane Austen existait toujours : elle dominait mes émotions et mes pensées.

— Une minute, dites-vous. Prétendez-vous que plusieurs personnalités différentes existent en nous et nous dominent tour à tour ?

Précisément ! Mais il importe, dans cette leçon, de ne pas sauter les étapes. Qu'une telle idée vous surprenne ou non, nous sommes tous la somme de personnalités multiples. Vérifiez ce fait en vous-même. Si vous aspirez à la vraie liberté, vous *devez* reconnaître cette vérité. Le paragraphe qui suit vous éclairera.

N'avez-vous jamais, en faisant des emplettes, cédé à un caprice momentané et acheté un produit qui vous paraissait indispensable sur le coup ? Au retour, vous ne comprenez pas ce qui vous a poussé à le faire : vous n'en avez plus du tout envie. Les agents immobiliers connaissent très bien ce phénomène auquel ils donnent le nom de « repentir ». Nos sentiments envers une autre personne souffrent aussi de ces repentirs. Lundi, nous croyons être amoureux d'une personne. Mardi, cette même personne nous agace. Mercredi, l'amour nous submerge à nouveau. Mon placard regorge de vêtements qui ont certainement été achetés par quelqu'un d'autre, car chaque fois que je veux m'habiller, je n'y trouve rien à mon goût. En fouillant un peu, vous trouverez nombre d'autres exemples. Nous aimons à penser que nous sommes des êtres constants, mais si nous nous regardons de plus près, nous constatons qu'*en nous-même* plusieurs personnalités se disputent la scène et se bousculent. Nous allons de l'une à l'autre aussi vite que le vent tourne.

En ce qui me concerne, lorsque j'ai revécu une expérience de jeunesse, l'une des entités qui logeait en moi depuis l'âge de quatorze ans est revenue à la vie dès que les circonstances nécessaires à son retour ont été réunies. Pendant quelques instants, elle m'a dominée, et j'ai ressenti le même enthousiasme qu'autrefois, quand toute ma vie s'étalait devant moi et que j'osais rêver de lendemains lumineux où le destin, secondé par mes projets, me conduirait aux pieds de *mon* prince charmant.

Une révélation bouleversante qui vous conduira au succès

Pour identifier notre ennemi intime et triompher de lui, nous devons absolument comprendre que chaque être se compose de plusieurs personnalités. À l'occasion d'une rencontre d'étudiants, Guy s'est efforcé de nous faire absorber ce phénomène extraordinaire en nous racontant les deux anecdotes qui suivent.

La première concerne le naufrage du *Titanic* et le comportement des passagers victimes de cette tragédie. Lorsque, durant son voyage inaugural, le paquebot réputé « insubmersible » heurta un iceberg, on s'aperçut que les rares chaloupes de sauvetage ne suffiraient pas à sauver toutes les personnes à bord. Quand cette terrible réalité se fit jour, la panique se répandit parmi les passagers et l'équipage. Certaines personnes parvinrent à conserver leur calme, mais beaucoup d'autres cédèrent à l'hystérie et firent preuve d'un extraordinaire manque de civisme. Dans l'une des scènes du film qui relate ce désastre, *A Night to Remember*, un des stewards réagit à ce chaos en criant à la foule en délire : « Prenez-vous en main ! »

Guy voulait nous faire comprendre que quiconque entend ces mots : « Prenez-vous en main ! » sait très bien ce qu'ils signifient.

Sans même qu'un film vienne nous le rappeler, nous savons tous que, tels les malheureux passagers d'un navire en perdition, nous hébergeons plus d'une personnalité. L'une d'elles hurle et bouscule les autres sans s'inquiéter de savoir qui elle blesse : elle ne désire que sauver sa peau. Une autre sait très bien qu'un tel comportement contrevient au décorum que se doit d'exhiber toute personne civilisée. Se prendre en main signifie se rappeler que le courage, la décence et le civisme doivent toujours prédominer. Lorsque nous ne permettons pas à ces vertus de nous diriger, lorsque l'enfant terrorisé en nous prend le dessus, nous devenons la preuve vivante que, poussés par les circonstances, le courage et l'emprise sur nous-même que nous nous flattons de posséder ne sont qu'une enjôleuse illusion créée de toutes pièces. Lorsque nous faisons appel à une illusion pour nous aider à traverser des moments difficiles, nous sommes aussi en sécurité que dans un château de cartes battu par le mauvais temps.

La seconde anecdote concerne une scène dont Guy fut témoin dans un restaurant. Il remarqua à une table voisine trois hommes qui bavardaient et vantaient leurs exploits respectifs. L'un d'eux, qui monopolisait la conversation, se flattait de ce que sa vie se déroulait pour le mieux. Lorsque le garçon leur offrit l'apéritif, il déclara avec fierté qu'il était parvenu à vaincre son alcoolisme.

À la fin du repas, deux des trois hommes quittèrent la table, laissant seul celui qui avait occupé jusque-là beaucoup d'espace. Quelques instants plus tard, un quatrième individu vint se joindre à l'homme resté seul, chez qui Guy nota une transformation radicale. Celui qui, plus tôt, avait semblé si insouciant, se mit à parler de son passé douloureux. À mesure qu'il se livrait de la sorte, cet homme qui avait prétendu ne plus toucher à l'alcool commanda plusieurs consommations, comme si la personne qu'il avait été quelques minutes plus tôt n'existait plus. En moins de cinq minutes, il était devenu quelqu'un d'autre.

Selon Guy, ces deux anecdotes mettent en lumière une caractéristique extrêmement importante, mais fort peu remarquée, de la psychologie humaine. *Nul d'entre nous n'est un être singulier et entier.* Nous sommes des êtres pluriels, constitués de plusieurs entités, mais nous sommes convaincus de posséder une seule et unique personnalité. À tout moment, un autre moi s'installe à l'avant-scène, et pendant la durée de son règne, il se persuade qu'il est tout à fait et entièrement nous. En réalité, aucune de ces personnalités n'est réelle. Chacune n'est que le produit d'un ensemble de conditions momentanées, que Guy décrit par l'expression suivante : la « personne provisoirement en charge », ou PPC. En quelques instants, nos valeurs et nos désirs se modifient en fonction de la PPC qui occupe le devant de la scène.

Une multitude de personnes provisoirement en charge, ou PPC, existent en chacun de nous. Elles sont *les yeux* que nous ouvrons sur le monde et *les pensées* qui interprètent celui-ci. Cela nous amène à un point d'une extrême importance. La nature pensante de ces milliers de personnalités différentes fait de nous des êtres fragmentés à leur insu en des milliers d'êtres conflictuels. Chaque fois qu'un de ces êtres secrets tente de démontrer sa permanence et sa réalité, il se place forcément en opposition avec les autres PPC. Pourtant, chaque PPC ignore l'existence des autres PPC. Conséquemment, la subdivision du moi s'intensifie et donne lieu à un nombre toujours plus grand de malaises inconscients. Nous avons déjà rencontré ces PPC plus tôt dans cet ouvrage. Ce sont nos noirs esprits auto-stoppeurs ; ce sont les soldats qui se disputent en nous des territoires créés de toutes pièces par notre imagination.

Il est très important de comprendre que notre fausse nature est un multiple qui *se croit* singulier. Si nul n'avait encore découvert cette réalité spirituelle extraordinaire, ce n'est pas sans raison. Chaque fois qu'une PPC émerge à notre conscience, elle apporte avec elle tout son passé, sous forme de souvenirs précis et des émotions que ceux-ci déclenchent. Nous accueillons ces pensées et ces émotions comme si elles venaient de nous, et nous nous identifions totalement à l'être auquel elles appartiennent. L'auteur et mathématicien P. D. Ouspensky nous fournit une explication supplémentaire à cet état psychique inattendu : « *Le moi de l'homme n'est ni permanent ni immuable*. Toute pensée, toute humeur, tout désir, toute sensation dit "je". Dans chacun des cas, on semble tenir pour acquis que ce "je" fait partie du Tout, de l'homme dans son entier, et que ce Tout exprime une pensée, un désir ou une aversion. »

L'auteur Vernon Howard a merveilleusement illustré ces fascinants mécanismes intérieurs. Si nous nous penchons sur l'image qu'il nous en donne, nous serons mieux en mesure de discerner la personne que nous sommes réellement de celle que nous croyons être.

Imaginez un tube de métal, rempli de billes de différentes couleurs. Il n'y a qu'un moyen de regarder à l'intérieur du tube, soit par un petit trou percé au centre, grâce auquel on n'aperçoit qu'une seule bille à la fois. Lorsque nous regardons par cet orifice, nous ne savons pas que le tube est rempli de billes de différentes couleurs ; si quelqu'un regarde alors qu'une bille jaune est placée devant le petit trou, il supposera que l'intérieur du tube est jaune. Ensuite, le tube est secoué. Autrement dit, la vie se transforme, comme il est juste qu'elle le fasse, et voilà qu'une bille verte vient se glisser sous l'ouverture. Quiconque regarde par le petit trou supposera alors que l'intérieur du tube est vert. En réalité, ces deux constatations sont erronées, car elles se fondent sur une connaissance fragmentaire des faits.

Ainsi, lorsque nous nous penchons sur nous-même, nous croyons que les pensées qui nous animent et l'être auquel ces pensées appartiennent témoignent de l'ensemble de notre personnalité. Mais il suffit de prendre un peu de recul pour obtenir une image beaucoup plus complète de nous-même que ne le laissaient supposer ces pensées fragmentaires. Par exemple, mon moi « ambitieux », muni de tous ses projets et de ses attentes, ignore, en ces instants isolés, l'existence d'un moi « désespéré » qui appréhende souvent l'avenir et qui pourrait surgir à tout moment. Efforcez-vous de voir la vérité dans ces propos.

Chaque fois que les événements qui composent une vie secouent le tube où sont enfermés nos faux moi, de nouvelles personnalités font leur apparition. Chacune croit être et avoir toujours été notre moi actuel. S'il est difficile de comprendre cette analogie lorsque nous l'appliquons à nous-même, elle devient plus évidente dans d'autres domaines de notre vie. Voyons un peu.

Lorsque nous rencontrons une autre personne, nous sommes souvent dupe des apparences. Voilà pourquoi nous tombons des nues lorsque la bille « bleu poudre » se transforme en bille « rouge de colère ». Nous nous efforçons aussitôt de justifier cette contradiction : « Je ne sais pas ce qui lui a pris », disons-nous. « Ça ne se reproduira plus. » Mais cela se reproduit bel et bien, simplement parce qu'il suffit d'un ensemble précis de circonstances pour que *cette PPC reparaisse*. Cette vérité est d'une évidence criante dans nos rapports avec autrui… et avec nous-même.

À mesure que nous nous rendons compte que dans notre sommeil psychologique nous sommes animé par une multiplicité de moi différents, cette prise de conscience signe l'arrêt de mort de toutes les personnes provisoirement en charge de notre existence. Tandis que ces êtres tourbillonnants commencent à s'estomper parce que nous devenons de plus en plus conscient de leur existence, quelque chose de vrai, de paisible, nous est révélé *de l'intérieur de nous-même*. À mesure qu'émerge notre vrai moi singulier, nous ne ressentons plus le besoin de créer de faux petits soldats qui livrent pour nous des guerres imaginaires. Et… *le combat prend fin, faute de combattants.*

La mécanique interne de l'ennemi intime

Maintenant que nous avons une meilleure idée des personnalités provisoires qui agissent en notre nom à tour de rôle, penchons-nous davantage sur le secret de leur origine.

Dès la naissance, chacun de nous connaît des expériences qui contribuent à modeler son caractère. Les psychologues comportementalistes (behavioristes) donnent le nom de «conditionnement» à ce processus. Ils sont d'avis que les récompenses et les punitions ont une influence déterminante sur le développement de notre personnalité et qu'elles contribuent à la formation de nos valeurs, de nos croyances et de nos réactions émotionnelles. Pour d'autres psychologues, des facteurs physiologiques innés tels que l'excitabilité modifient nos réactions aux expériences vécues. Selon ces derniers, le tempérament qui est le nôtre à la naissance affecte notablement le développement de notre personnalité.

Eu égard aux études psychologiques plus profondes auxquelles nous nous livrons ici, ce que nous livrent les comportementalistes et les partisans de la psychologie du tempérament est un tableau de l'ensemble des caractères et des réactions superficiels de la personnalité de chaque individu. Ces éléments de la personnalité se sont développés par hasard et dans le désordre. Ils sont mutables et fragmentaires, ils reflètent des images de soi variant au gré des circonstances. Ces éléments, qui ne jouissent d'aucune permanence, constituent ce que de nombreux spécialistes de la spiritualité appellent «le faux moi».

La majorité des gens, que l'aspect superficiel de leur vie satisfait, ne connaissent jamais rien d'autre que ces réactions de surface, ces faux moi. Ils réagissent aux événements de façon mécanique, sans jamais remettre en question leurs réactions ou la variabilité de celles-ci. Ces hommes et ces femmes ne cherchent pas à expliquer la confusion et la douleur qu'ils ressentent à tant rechercher la stabilité tout en étant constamment ballottés par leur nature factice et changeante. Dans les rares occasions où ces personnes s'inquiètent de savoir pourquoi elles éprouvent une telle vulnérabilité et pourquoi elles sont toujours sur la défensive, elles rendent *quelqu'un d'autre* responsable de leurs états d'âme. L'aspect le plus tragique de la vie de ces individus n'est pas l'existence à laquelle ils se résignent, mais bien le fait que la fausse image d'eux-mêmes qu'ils préservent ainsi les prive à leur insu d'une vie authentique. Nous devons, nous pouvons apprendre à nous transformer. Les propos qui suivent nous indiquent la manière d'y parvenir.

Sous les caractéristiques nombreuses ainsi accumulées à la surface de la personnalité, un moi authentique attend l'occasion d'émerger. C'est un aspect « encore embryonnaire » de nous-même, un moi indivis qui, de par son entièreté même, peut observer le kaléidoscope changeant de notre fausse nature et qui, comparant ce faux moi à son plein éveil, constate que les problèmes du moi fragmenté sont aussi inutiles à la vie réelle que le moi inférieur lui-même. Mais ne précipitons pas les choses. Qu'il vous suffise pour l'instant de comprendre que nous possédons tous un faux moi, et que ce faux moi agit comme intermédiaire entre la personne que nous sommes réellement et le monde qui nous entoure. Ce faux moi crée notre champ de bataille psychologique, nous y envoie nous battre et empêche notre vrai moi, notre moi supérieur, de vivre pleinement. Ce faux moi *est* notre ennemi intime. Son *seul* pouvoir sur nous réside dans ce que nous ignorons de lui, si bien que… ses jours sont comptés !

Faites connaissance
avec la Personne Provisoirement en Charge

Ainsi que nous l'avons vu, nous possédons tous un faux moi composé d'un mélange de souvenirs, de conditionnements et de traits de caractère, et nous agissons tous en fonction de lui. Ce faux moi insoupçonné affronte les réalités quotidiennes, réagit aux vicissitudes de l'existence et interprète ses fluctuations. Nous devons absolument comprendre que ces conditions changeantes sont en elles-mêmes *neutres*. Mais le faux moi nous impose son interprétation des changements périodiques qui affectent la vie humaine. Il leur appose des étiquettes, il les définit, si bien que les événements qui se déroulent sous nos yeux ne sont rien que des créations accessoires du faux moi. Une simple analogie vous aidera à débroussailler ce concept.

Si vous observez le monde avec des lunettes vertes, il se colorera en vert. De même, le faux moi, qui est un produit de notre passé, « observe » les événements présents avec la lunette de son expérience. Le passé est ce qui lui permet de « reconnaître » les situations actuelles : dès qu'il a compris « ce qui se passe », une PPC prend aussitôt la situation en main. La

PPC, qui est une invention sur mesure du faux moi, aide l'individu à s'y repérer. Mais il ne faut pas perdre de vue que cette situation, quelle qu'elle soit, *est elle-même un produit de la vision* qu'a le faux moi de l'événement réel. Voilà un détail d'importance, sur lequel il convient de méditer. Relisez-le plusieurs fois, jusqu'à ce que son sens vous devienne clair. Les circonstances auxquelles une personne fait face, de même que sa réaction à ces circonstances, peuvent lui sembler inédites si elle n'est pas sensibilisée à cet aspect des choses, mais, en réalité, tout se fonde sur des événements passés. La plupart du temps, nous voyons rarement les choses telles qu'elles sont : nous les interprétons. Notre réaction à ces événements n'est pas spontanée : elle s'inspire de notre réaction passée à des circonstances similaires. Tout comportement acquis dans le but de nous affranchir des circonstances présentes nous emprisonne dans le passé. Il n'y a donc rien d'étonnant à ce que ces situations se répètent et que nous ne leur trouvions jamais de solutions inédites.

Qui plus est, chaque fois que nous sommes confronté à un nouveau défi, une nouvelle PPC surgit et prend la situation en main, si bien que nos comportements et nos projets subissent des transformations constantes et nous font traverser toute une gamme d'émotions dans un délai très court. Ces montagnes russes émotionnelles nous épuisent et nous confondent. Voyons comment un ensemble de circonstances peut entraîner l'émergence de plusieurs moi distincts.

Vous êtes au travail. La pause de midi approche, et vous vous demandez ce que vous allez manger quand, soudainement, un collègue fait irruption dans votre bureau. Il vous annonce que votre rapport de la semaine précédente contenait une erreur. L'expression grave de son visage et le mot «erreur» déclenchent en vous une réaction de peur. Lorsque le faux moi réagit de cette façon, une PPC interprète aussitôt cette réaction et prend le contrôle de la situation telle que l'a définie votre appréhension. L'annonce que vous a faite votre collègue, qui n'a en soi aucune signification profonde pour vous, prend aussitôt force d'« événement ». Dans ce cas précis, un événement lourd de menace. La PPC se met aussitôt sur la défensive. Elle cherche à se justifier et s'efforce de dénicher un bouc émissaire. Elle pointe du doigt le supérieur qui vous a réclamé ce rapport de toute urgence. Surgit aussitôt une autre PPC, une PPC furieuse. Celle-ci en veut à votre employeur, qui vous complique la vie et ne sait pas apprécier vos efforts. Vous ruminez une revanche : il vous suffirait de révéler certains secrets sur sa personne pour le discréditer. Tandis que cette PPC se complaît dans ses projets de calomnie, elle ne se rend nullement compte que sa vengeance ne peut en rien régler votre « problème » réel, soit l'erreur contenue dans votre rapport.

Soudain, l'employeur que vous étiez occupé à humilier en pensée entre dans votre bureau. Vous cessez aussitôt de jouer les victimes bafouées et humiliées, car cet événement subit a fait surgir une autre PPC, et celle-ci ne désire nullement mordre la main qui la nourrit. Mais voilà que vous vous rendez compte que votre employeur est venu vous offrir ses félicitations. Le sourire sur son visage, les mots « excellent travail » vous comblent de joie et vous redonnent confiance.

Encore une fois, et toujours à votre insu, une nouvelle PPC prend le dessus et vous signale que vous aviez conçu le projet d'inviter votre employeur à dîner à la maison. Vous ne voyez aucune incongruité dans ces attitudes contradictoires, celle qui vous poussait à l'humilier et celle qui vous incite à lui faire plaisir. Après le départ de votre supérieur, vous voilà fier de vous. Vous laissez vaguer votre imagination en rêvant à la façon dont vous utiliserez l'augmentation de salaire que vous espérez recevoir. Cette PPC satisfaite d'elle-même ne se souvient nullement de la PPC précédente, appréhensive et blessée. Elle croit être votre *seul* moi ; elle croit être *vous*. Rien n'est aussi éloigné de la vérité.

Nous avons vu dans ce chapitre que nous gambadons à tout moment d'une personnalité provisoire à l'autre. L'une est heureuse et l'autre dépressive. L'une est enthousiaste et l'autre s'ennuie. Notre humeur et notre vision des choses dansent comme des feuilles dans le vent, sans que jamais un moi central ne se manifeste. Nous croyons sans cesse à la réalité de nos moi provisoires : leurs pensées sont les nôtres. Nous payons chèrement un tel malentendu, car nous laissons inconsciemment ces PPC résoudre nos dilemmes quotidiens. Bien entendu, nous ne sommes jamais conscient du fait que ces moi changeants représentent des personnalités provisoires. Nous sommes persuadé que chacun est *nous*, dès l'instant où il domine la situation.

Voici une autre révélation fascinante. Chaque PPC se croit apte à résoudre le moindre problème auquel elle est confrontée, car elle est persuadée de ne pas dépendre de la situation qu'elle s'efforce de dominer. C'est faux. Le moi provisoire qui prétend fixer pour vous les règles du jeu *n'existait pas* avant que le dilemme auquel vous faites face ne vous soit venu à l'esprit. Efforcez-vous de comprendre ce concept clé : la situation – quelle qu'elle soit – que « perçoit » la PPC, est *en soi* un réflexe conditionné, une réaction mentale ou émotive mécanique du faux moi. Celui-ci résiste au changement ou s'en accommode.

Il est essentiel de comprendre ce qui précède, car ces données cachent un autre élément indispensable à la victoire de l'individu sur son ennemi intime.

Chaque action entreprise par une PPC en vue de se libérer d'une situation déplaisante renforce l'optique erronée qui a créé « cette situation ». Ce processus inconscient procure un avantage inattendu et funeste au faux moi. Si « la situation » qui se présente est authentique, il doit en être de même de votre certitude croissante d'être victime des circonstances. Par exemple, l'homme qui juge son employeur responsable de sa frustration s'enfonce inconsciemment dans la certitude que son travail n'a de valeur que dans la mesure où d'autres en reconnaissent la qualité. Il est à son insu victime de sa propre perception des événements. L'humiliation qu'il ressent n'aura de cesse qu'il n'ait modifié *son optique*.

De toute évidence, la PPC n'a aucun pouvoir sur la situation qui lui a donné naissance, pas plus que le reflet contrefait d'une personne dans une glace déformante ne saurait redresser la surface réfléchissante de celle-ci. Cette constatation en amène une autre, tout aussi importante dans notre étude de l'ennemi intime. Non seulement la PPC est incapable de redresser la situation qui lui a procuré une existence temporaire, mais pour survivre – car tel est son but – ce faux moi exige la perpétuation de l'événement qui l'a créé.

Oui, la PPC peut bien faire semblant de régler votre problème, mais elle ne peut y parvenir, car elle croit toujours ce problème dû à des circonstances extérieures. L'échec inévitable de la PPC est dû au fait que *le problème auquel elle est confrontée prend sa source dans le faux moi et dans sa propre définition des circonstances.* Toutes les tentatives du faux moi ne servent qu'à perpétuer celui-ci et le problème qu'il prétend vouloir résoudre. Voyez-vous maintenant pourquoi nous revivons sans cesse les mêmes scénarios douloureux ? Voyez-vous comment ces réflexes répondent parfaitement à l'objectif premier de la PPC, *qui est de survivre* ? Par ailleurs, lorsqu'une situation agréable se présente, la PPC se croit tout aussi apte à la faire durer. Mais nous savons que la PPC est le produit de circonstances sur lesquelles elle n'a aucun contrôle. Lorsque ces circonstances changent, la PPC heureuse cède la place à une PPC déçue.

Toute nouvelle situation fait surgir une nouvelle PPC. Chaque nouvelle PPC qui entre en scène veut nous révéler à nous-même et diriger nos actes. Ses explications nous semblent si logiques que nous n'entendons plus les propos pourtant contradictoires de la PPC qu'elle a supplantée. La nouvelle PPC a pleine autorité sur nous, car même si nous avons parfois l'impression de ne pas être maître de nous-même, nous refusons de nous interroger et nous nous soumettons entièrement à la PPC du moment. Si notre attitude nous semble contraire à l'idée que nous nous faisons de nous-même, nous nous persuadons malgré tout d'agir en harmonie avec notre moi réel. Nous prétendons avoir été poussé par une impulsion incontrôlable ; nous rendons quelqu'un d'autre ou les circonstances responsables de nos actes ; nous affectons de détester cette PPC (mauvaise habitude ou comportement compulsif) et déclarons que notre « vrai moi » lui livrera une chaude lutte. Quoi que nous fassions, la superstructure invisible de la PPC demeure intacte.

Un réseau psychique de souvenirs, de préférences et de croyances structure nos PPC. Ce réseau permet à chacune de fonctionner efficacement et de profiter du moindre événement pour prouver son authenticité. Par exemple, lorsque vous êtes triste et qu'un importun intensifie votre malaise, la PPC puise dans sa mémoire tout un éventail de situations prouvant que cette personne a toujours été pour vous une cause de tourment. Dans un éclair, ces données sont rassemblées et ajustées de façon à appuyer cette assertion, que viennent du reste confirmer les états d'âme de la PPC.

Voici un autre sujet de méditation qui vous aidera à vous affranchir de l'autorité des PPC. Une nouvelle PPC relâche son emprise sur votre vie dès que prend fin la situation qui lui a donné naissance. En d'autres termes, une PPC n'est jamais permanente, car elle résulte de la combinaison d'un signe extérieur et du réflexe que celui-ci provoque. Voyons cela de plus près.

Supposons, par exemple, que votre pèse-personne révèle que vous avez forci de trois kilos. Votre faux moi s'en culpabilise et appréhende de perdre son pouvoir de séduction. Une PPC surgit aussitôt et prend la situation en main. Elle jure de se mettre à la diète et d'éviter à tout prix les tentations. Mais il suffit de circonstances différentes pour provoquer une tout autre réaction. Quand s'estompe la situation qui a donné naissance à la première PPC, celle-ci se fond dans le décor. Une nouvelle réaction à de nouvelles circonstances suscite l'émergence d'une nouvelle PPC. L'ancienne PPC sombre dans l'oubli, car la cause de son existence a disparu. Si bien que, lorsqu'un ami vous suggère d'essayer un nouveau restaurant mexicain qui vient d'ouvrir, vous acceptez sans hésitation. Une nouvelle PPC, affamée et enthousiaste, entre en scène. Vous oubliez vos résolutions du matin ou vous trouvez une bonne raison d'y déroger. Une PPC peut céder sa place à une autre à tout moment. Ce jeu de chaise musicale du moi est si rapide et si subtil que la personne que réjouit la perspective d'un bon repas au restaurant n'est nullement consciente du conflit qui l'oppose à celle qui, plus tôt, promettait de se mettre à la diète. Souvenez-vous de l'homme qui avait « triomphé » de son problème d'alcool…

Comment la conscience en éveil débouche sur le triomphe

Nous n'avons jamais remarqué que de multiples moi se relaient en nous, car nous n'avons jamais pris conscience de leurs mouvements. Le moi qui nous domine à un moment spécifique n'a pas pour fonction de nous enseigner à remarquer leur présence ; il a été conçu pour nous tenir

dans l'ignorance de nos moi fictifs et nous soumettre à eux. Nous devenons chacune des PPC qui entrent en scène tour à tour. Les études spirituelles ont toujours eu pour objectif de dévoiler la vérité sur ces PPC. Le
Christ désignait ces PPC par l'expression « les premiers », comme dans
« les premiers seront les derniers ». Dans la doctrine soufi, la PPC est le
« moi dominant ». En psychologie occidentale, c'est l'ego, la *persona*, le
rôle que nous nous donnons. Un fait commun ressort de ces approches différentes : la PPC *n'est pas votre vrai moi !* Cela signifie qu'il est inutile de
lutter contre le désespoir que vous inspire votre existence. Vous êtes parfaitement en mesure de franchir les obstacles que les PPC insoupçonnées
placent devant votre connaissance de vous-même. Quand vous vous
munissez de cet outil merveilleux qu'est la conscience de soi, quand vous
permettez à la révélation de prendre votre défense, non seulement les PPC
cessent de vous orienter à tort et à travers, mais elles s'évanouissent dans
le décor ! Voilà précisément le but que nous recherchons.

Ainsi que l'explique Guy dans *Lâcher prise* : « La seule chose qui va mal
en vous est que vous ignorez ce qui ne va pas. Et voilà la raison pour laquelle
vous continuez à souffrir. » Le philosophe romain Marc Aurèle entérine
cet énoncé tout en le présentant sous un autre angle : « Ceux qui se désin-
téressent des mouvements de leur esprit sont forcément malheureux. » En
d'autres termes, nous ne pouvons nous affranchir de ce qui freine notre
progrès tant que nous n'identifions pas cet obstacle. En ce moment, nous
croyons à l'authenticité des PPC, nous pensons que leurs combats sont
nécessaires et qu'ils nous protègent contre la douleur. Nous ne comprenons
pas que nous souffrons de nous identifier à ces identités factices, ni que
nous ne saurions nous affranchir de nos souffrances tant que nous les
considérerons comme des amies. Mais lorsque nous prenons enfin conscience de la cause de nos souffrances, nous constatons qu'il nous aurait
toujours été possible de nous en libérer !

Faites une petite expérience qui intensifiera votre conscience de vous-
même et transformera votre rapport à la vie. Levez votre main devant vos
yeux et soyez conscient de ce geste. Observez le poids et le mouvement de
votre main. Maintenant, *observez-vous en train d'observer votre main.* Notez

comment ce simple exercice modifie votre rapport à tout ce qui vous entoure ; comment il modifie votre rapport à vous-même. Avant cette prise de conscience, il n'y avait aucune différence notable entre vous et le mouvement de votre main. Mais dès l'instant où votre conscience de vous-même participe activement à ce geste, vous êtes en mesure de dire : « Je suis conscient de mon rôle dans cette situation. » Cette prise de conscience de vous-même *vous* place aux commandes.

Vous pouvez développer le même type de rapport supérieur avec le faux moi et ses nombreuses PPC, et ainsi parvenir à les dominer. Voici comment. Chaque fois que vous prenez conscience de la présence d'une PPC et que vous parvenez à vous « voir » en prendre conscience, cette PPC perd tout pouvoir sur votre inconscient. La conscience de soi est le premier pas vers la *véritable* autonomie. Et ce n'est qu'un début ! La phrase qui suit vous éclairera encore plus sur vous-même : la conscience de soi est une preuve irréfutable de l'existence d'une conscience supérieure à l'objet de cette conscience. Cette découverte vous conduit au cœur même de la métamorphose spirituelle : l'aptitude à vous distinguer en toute conscience de vos troublantes PPC.

Pour triompher de l'ennemi intime et des nombreuses PPC qu'il engendre, il n'y a qu'un moyen : faire appel à l'intelligence inhérente à une conscience supérieure de soi. Les PPC ne sont pas intelligentes, car en tant que créations de la pensée elles sont par nature fragmentaires et provisoires. Mais notre faculté innée d'observation des PPC qui se manifestent, cette faculté est intemporelle et vraie. Plus nous nous efforçons de demeurer conscient de la présence de chaque PPC, plus nous devenons apte à dominer ces moi superficiels et changeants qui se bousculent en nous. La sérénité à laquelle nous aspirons, la satisfaction profonde et la confiance qu'aucune PPC n'est en mesure de nous procurer sont enfin à notre portée.

Notre conscience supérieure des PPC constitue notre meilleure arme contre les émotions et les attitudes défaitistes qu'elles nous imposent. Guy nous a donné à faire l'exercice suivant afin de favoriser cette conscience de soi.

Tracez l'en-tête suivant sur une feuille de papier : « Moi provisoires comme instruments de découverte de soi ». Puis, à mesure que vous apprenez à vous observer, identifiez chaque personnalité qui s'efforce de prendre votre vie en main. Vous disposerez bientôt d'une longue liste des moi différents qui ont occupé tour à tour le devant de la scène. Il est particulièrement éclairant d'identifier les moi opposés qui vous ont dominé à tour de rôle. Cet exercice vous rendra plus conscient de la nature provisoire de chaque PPC. Avec le temps, vous douterez de plus en plus de la réalité de chacune, car vous saurez que son contraire n'attend que le moment opportun de la déloger. Plus vous comprendrez que vos PPC n'ont aucune solution à vous proposer mais qu'elles contribuent à perpétuer votre dilemme, plus vous douterez de leur réalité. Vous aurez fait le premier pas vers la victoire !

Cet exercice a pour but de vous aider à prendre conscience des contradictions qui hantent votre esprit et des tourments qu'elles engendrent. Si nous voulons parvenir à différencier le vrai du simple produit de notre imagination, nous devons avoir un aperçu de l'embrouillamini des moi qui s'efforcent de nous dominer. Pour atteindre la transformation de soi et jouir de la victoire qui en résulte, il suffit de ne plus croire à l'existence de ce qui n'a jamais existé. Ainsi, le moi supérieur tapi depuis toujours en nous peut enfin occuper la place qui lui revient et orienter sagement notre vie. Le bonheur est à portée de la main. Mais une aussi radicale métamorphose n'est pas sans prix.

Un texte sacré de l'Antiquité dit : « Quand vous voyez l'ange de la mort s'approcher de vous, vous êtes terrifié. Quand il arrive enfin, vous êtes dans l'extase. » Un des sens cachés de cette citation est le suivant : quand votre faux moi sent qu'il perd de son pouvoir et que vous aspirez à le détruire complètement, il brandit son arme la plus menaçante : *la peur*. Mais vous ne devez pas vous laisser intimider. Ce faux moi sait que, pour survivre, il doit continuer à diriger *votre* vie. Mais s'il disparaît — ce qui est certain de se produire si vous persistez dans votre apprentissage de vous-même — vous constaterez qu'il était inutile pour vous d'avoir peur puisque ce qui meurt ainsi *n'a jamais existé*. Vous connaîtrez ensuite la satisfaction et la maîtrise de soi qui sont les fruits d'une existence vécue en harmonie avec notre nature supérieure.

Pour hâter cette victoire sur ce que vous aviez cru être votre véritable nature, vous devez transcender votre façon habituelle de penser. Vous devez affronter la vie les yeux ouverts, c'est-à-dire en voyant les choses telles qu'elles sont et non pas telles que vos PPC vous les décrivent. Cette transformation psychologique doit être voulue. La conscience du moi supérieur est un acte délibéré.

Au début, vous serez encore plus désorienté de faire face à la vie sans l'appui de vos interprétations et de vos réactions habituelles. Vous aurez l'impression que tout va encore plus mal! Persistez! Cette confusion est une mauvaise plaisanterie de vos PPC. Non seulement êtes-vous mieux placé que jamais pour triompher de votre ennemi intime, mais c'est seulement ainsi que vous pourrez repartir de zéro. Vos mécanismes réflexes s'affaibliront puis mourront, vous ferez l'expérience de la vie dans toute sa réalité, et vous jouirez des bienfaits réels qu'elle vous procurera.

Plus nous avançons dans notre nouvelle vie, plus nous développons de compassion envers nous-même et envers tous ceux qui se débattent sous la domination fugace de milliers de PPC. À mesure que nous transcendons la superficialité de notre existence actuelle, nous sommes effaré de constater l'étroitesse de vue qui commandait naguère nos pensées et nos actes. Le vrai prend notre vie en main. Notre confusion s'estompe et meurt. Nous savons maintenant que notre pire ennemi n'était dû qu'au fait que nous croyions à son existence.

Résumé

Si nous apprenons à vivre sans nous dire qui nous sommes
et sans savoir quoi faire avec notre souffrance, un jour
viendra où nous aurons tellement compris ce qui nous fait
souffrir que nous ne chercherons plus, dans notre souffrance,
à découvrir ce que nous sommes.

— Guy Finley, *Les voies de l'émerveillement*

Chapitre cinq

Libérez-vous
de vos réflexes douloureux

Vous avez le droit de ne pas être défaitiste.
MAURICE NICOLL

Sans doute avez-vous remarqué que le malheur est aujourd'hui mon-
naie courante. Qui plus est, comme si le malheur ne suffisait pas, celui-ci
semble avoir de plus en plus des causes anodines. Le coût de la vie a encore
augmenté. Nos rosiers refusent de fleurir. L'appel téléphonique attendu ne
vient pas. Ces petits pincements au cœur sont maintenant si ordinaires et
si fréquents qu'on les dirait intégrés au quotidien. La vie semble confirmer
cette opinion. Des gens pourtant bien intentionnés nous répètent :
« Un bonheur se paie toujours. » Quand tout va mal, nous nous disons :
« Si je n'étais jamais malheureux, je n'apprécierais pas mes moments de
bonheur ! » En vérité, tout cela n'est que de la propagande, des notions
partiellement vraies que notre ennemi intime amalgame à de faux concepts
afin d'étendre sa sphère d'autorité et continuer de nous briser le cœur.
Jusqu'à présent, armé de ses messages tronqués, il est parvenu à diriger

notre vie et à nous dominer. Heureusement, *il est possible* de rompre ce cercle vicieux du moi et de mettre fin du même coup à la souffrance qu'il engendre. Mais pour en finir avec ces scénarios douloureux, nous devons apprendre à envisager autrement nos vieux dilemmes. L'enseignement que veut vous transmettre le présent chapitre vous ouvrira la porte de la libération.

Gommez les ombres qui obscurcissent votre vie

Nous savons déjà que les apparences sont souvent trompeuses. D'autre part, nous ignorons parfois qu'un problème de prime abord insurmontable ne nous apparaît tel qu'en raison de la souffrance qu'il éveille en nous. Mais nous avons appris dans ces pages que le désespoir ressenti dans ces circonstances n'est dû qu'à la perception erronée que nous dicte la PPC du moment. Nous voici parvenu à un moment crucial de notre quête de libération : lorsque nous perçons à jour notre vision tordue de la réalité, nous comprenons que la souffrance qui l'accompagne *n'est qu'une illusion*. Nos tourments psychologiques n'ont aucun pouvoir sur nous, car *ils ne sont pas fondés sur la réalité*.

Un certain dimanche matin pluvieux, Guy nous a proposé une analogie qui jette un éclairage nouveau sur nos souffrances et qui démontre leur inutilité. Remontez dans le temps jusqu'à votre enfance : vous êtes couché dans votre petit lit, terrifié par les ombres qui dansent sur le mur de votre chambre. Vous avez sans doute demandé à votre père d'allumer une veilleuse pour chasser les monstres de la nuit. Votre père vous a consolé en riant et vous a sans doute fait lever malgré vous pour regarder par la fenêtre. Vous avez aperçu des branches d'arbre fouettées par le vent et constaté que le « monstre » terrifiant de tout à l'heure n'était qu'un jeu d'ombres. Votre cerveau d'enfant comprend, sans pouvoir l'expliquer, qu'une ombre n'a aucune existence réelle. C'est un reflet qui disparaît dès que les conditions qui l'ont créé s'évanouissent. L'ombre n'a aucun pouvoir sur vous. Voyons comment cette découverte élémentaire peut nous être d'un grand secours dans notre lutte contre ces ombres psychiques que sont nos souffrances.

Dans le chapitre précédent, nous avons vu que le faux moi réagit inconsciemment et mécaniquement à toute circonstance en invitant une

PPC à interpréter cet événement et à composer avec lui. Le plus petit examen de conscience suffit à percer à jour ce mécanisme psychique. Par exemple, lorsque le faux moi se sent menacé ou contrarié, une PPC défaitiste ou violente, qui voit tout sous le jour le plus sombre, entre en scène. Ce moi rassemble ensuite des données qui viennent confirmer son optique de l'« événement » : il revit les moments qui ont précédé celui-ci ou en anticipe les conséquences. À mesure que l'attention que nous accordons à notre dilemme amplifie ce dernier, notre défaitisme se renforce. Tous ces éléments négatifs ne sont rien d'autre que des ombres, projetées sur le mur par le reflet de la PPC. Mais puisque nous en ignorons la cause, ces ombres nous effraient tout autant que les « monstres » de notre enfance. Heureusement, maintenant comme alors, il suffit d'allumer la lumière pour les faire disparaître : la lumière du vrai détruit nos ombres intérieures et la souffrance qui les accompagne.

L'exemple suivant est éloquent. Supposons qu'une femme découvre qu'une amie l'a trahie. Une des PPC qui prennent cette situation en main est outragée. Elle rassemble des preuves contre la coupable et rumine une revanche. Mais aussitôt, une autre PPC la remplace. Celle-ci souffre, maudit le sort et déclare qu'on ne peut jamais se fier à personne. Elle trace ainsi l'image d'un univers sinistre et solitaire foisonnant d'ennemis potentiels. Une troisième PPC surgit ensuite, qui se remémore des moments heureux de l'amitié entre les deux femmes et pleure leur perte. Nul doute que la souffrance de la femme en proie à ces trois PPC est sincère. Mais sa cause n'est jamais qu'une ombre sur le mur ! Voyons comment.

Supposons que cette femme ait modelé sa vie sur les principes régénérateurs que nous explorons dans ce livre. Elle accède peu à peu à un plan supérieur de conscience et n'entérine plus à son insu les conclusions de ces PPC en perpétuelle mutation. Elle choisit plutôt de rechercher le vrai, l'angle de vision qui lui démontrera que les voix qu'elle entend *sont elles-mêmes* sa douleur d'avoir été trahie. Elle comprend que, bien que la trahison de son amie justifie qu'elle s'interroge sur la valeur de leur amitié, *cette trahison* n'est pas la cause directe de sa souffrance. Elle voit bien que le problème auquel elle est confrontée et le tourment que celui-ci suscite sont dus à *sa peur d'être trahie*, et qu'elle appréhende une telle trahison parce qu'elle a toujours cru inconsciemment que l'opinion d'autrui pouvait l'élever ou la détruire. Aujourd'hui, elle sait que cette notion, et la part d'elle-même qui renforce cette notion, sont les seules coupables, ses invisibles ennemies. Qui plus est, elle sait maintenant que le faux moi qui appréhende la trahison n'a pas plus de réalité que le faux moi de son ex-amie qui a poussé cette dernière à la trahir. Elle découvre que toute souffrance sourd de l'univers confus des PPC qui errent dans l'existence en infligeant des blessures et en en subissant. Cette nouvelle optique accroît sa volonté de ne plus vivre dans la confusion. Sans doute l'ignore-t-elle encore, mais son aspiration lui est dictée par un autre aspect d'elle-même qui participe déjà d'une force intemporelle : son vrai moi, capable de lui venir en aide pour voir dans toute trahison un tremplin vers un plan supérieur de conscience où la peur n'existe tout simplement pas. *Oui*, il y a une porte de sortie. Votre vrai moi sait où elle se trouve.

Découvrez votre nouveau moi dans votre nouvelle perception de la vie

Pour la plupart, nous faisons le nécessaire pour mettre fin à la souffrance qui nous afflige. Parvenu au bout du rouleau, nous justifions presque tous nos actes. Mais notre nouvelle perception de la souffrance psychologique et émotionnelle nous enseigne à ne pas composer avec cette souffrance comme nous l'avons toujours fait. Nous devons plutôt nous efforcer de mieux la comprendre. Lorsque nous projetons ce nouvel éclairage sur les vicissitudes de notre existence, celles-ci ne produisent aucune ombre terrifiante. Quand nous n'avons pas peur, nous sommes libre. Bien entendu, nous devons parfois apporter des solutions pratiques à certaines conditions désagréables, mais nous n'avons aucune guerre à leur livrer. Je répète que les ombres terrifiantes créées par notre ennemi intime s'estompent dans la lumière éclatante de la conscience supérieure. *Rappelez-vous ceci : votre vrai moi ne remporte pas la victoire en terrassant vos problèmes, mais bien en démontrant qu'ils n'ont jamais joui de l'existence que vous leur prêtiez.*

Voyons ce que cela signifie : nous avons toujours pensé que nous ne pouvions pas échapper aux circonstances malheureuses qui nous submergent parfois. Nous savons maintenant que la vérité peut nous en affranchir, car *elle* sait que nos tourments psychologiques se fondent uniquement sur la fausse opinion *que nous avons de nous-même*. Cela peut sembler incroyable. Si l'on affirme à une personne que sa souffrance psychologique ou émotionnelle n'a aucun fondement réel, sa souffrance s'amplifie aussitôt sous nos yeux. Elle tentera de justifier son tourment en affirmant que, dans de telles circonstances, la souffrance est la seule avenue possible.

Mettons les pendules à l'heure : l'histoire universelle est truffée d'événements pénibles. Il n'y a aucun doute là-dessus : l'humanité est cruelle, et la compassion une denrée rare. Mais la clé de *notre* évolution intérieure consiste en ceci : ces événements, quels qu'ils soient, ne peuvent pas *en eux-mêmes* nous faire souffrir. C'est notre réaction à ces événements qui nous précipite à notre insu dans le chaos de nos moi inférieurs. La souffrance règne au royaume des noirs états d'âme. L'histoire nous fournit une pléthore d'exemples prouvant que les événements *ne sont pas* la cause de nos tourments. À toutes les époques, des individus ont surmonté d'extraordinaires défis et en sont sortis non seulement grandis mais riches d'une sagesse qui les a par la suite tenus à l'abri de tourments similaires. Voici un fait vécu qui illustre bien cette vérité.

Il y a plusieurs années, un brillant jeune athlète fut paralysé à la suite d'un grave accident. Au lieu de sombrer dans le désespoir, il choisit d'aider d'autres jeunes handicapés à surmonter leur sentiment de perte. Lorsqu'on l'interrogea sur son travail et sur les transformations que ce terrible accident avait apportées à son existence, il eut une réponse fort révélatrice. Il affirma que l'accident avait conféré à sa vie une dimension inimaginable. Cette catastrophe avait enrichi son existence à un point tel que, s'il devait la revivre, il ne changerait rien à sa vie.

Ce jeune homme a préféré la révélation au désespoir. Pour cette raison, il a compris que le vrai moi n'a rien à voir avec la force physique ou la réussite sportive. La perte apparente qu'il a subie a provoqué en lui un éveil spirituel beaucoup plus enrichissant que n'importe quel trophée.

Bien que son univers nous semble tronqué et réduit à sa plus simple expression, il s'est au contraire *élargi* et enrichi d'une liberté au-delà de toute espérance. L'accident qui aurait détruit un individu aux réactions mécaniques ou une personne persuadée de l'inévitabilité de la souffrance a enrichi la vie de ce jeune homme, parce qu'il a su emprunter le nouveau chemin qui s'ouvrait devant lui. Un vieux dicton arabe nous révèle le secret d'un tel triomphe : « La pluie est partout la même, mais elle fait pousser les épines dans les marécages et les fleurs dans les jardins. »

Dans son ouvrage inspirant, *Découvrir un sens à sa vie*, Viktor Frankl décrit sa vie de prisonnier dans un camp de la mort nazi. Tandis que la captivité rendait amers et durs un grand nombre de prisonniers, d'autres parvenaient à transcender ces circonstances épouvantables et à se mettre en relation avec une puissance supérieure. En parvenant à se détacher de la cruauté du monde où ils étaient contraints de vivre, ils développèrent une spiritualité qui les haussa bien au-dessus de la cruauté humaine. Une telle métamorphose peut sembler incompréhensible à ceux qui croient leur révolte justifiée. Mais quand nous prenons conscience du fait que notre conditionnement nous empêche de vivre tout l'éventail des expériences humaines, nous commençons à apprécier tout ce que la vie nous envoie de bon et de mauvais, et nous recherchons notre vrai moi *au cœur* de ces événements au lieu d'envisager la fuite. La différence entre ces deux avenues est la suivante : on peut apprendre que la vie a conçu pour nous de plus grands desseins, ou nous acharner à justifier les nôtres.

Oui, la voie de la conscience supérieure est pénible au début. Elle exige que nous explorions nos souffrances au lieu de les subir, afin de remonter à leur source réelle, car il n'y a qu'à leur source que nous pouvons y mettre un terme. Au lieu de cette descente en soi qu'on appelle la souffrance, le chemin de la connaissance nous oblige à gravir des échelons et à nous hisser au-delà de nous-même. Posons le pied sur un autre de ces degrés vers le vrai moi.

Si pénible que cela soit, *nous devons mettre notre souffrance en doute.* Cela vous paraîtra impossible, car la douleur vous semble si réelle. Mais si nous voulons vraiment découvrir la *véritable* cause de nos tourments, si nous faisons le nécessaire pour y parvenir, notre conscience accrue diri-gera notre regard au cœur même du problème. Par exemple, lorsque nous nous querellons avec la personne que nous jugeons responsable de nos malheurs, nous amplifions l'anxiété qui nous étreint et qui nous ancre encore davantage dans l'opinion que nous nous faisons de cette personne. Au contraire, si nous reportons notre attention sur nous-même, nous remettons nos réflexes en question. Au lieu de nous contenter de réponses toutes faites qui justifient notre tourment, nous pouvons nous interroger sur la nécessité du conflit auquel nous sommes confronté. Par exemple, qu'est-ce qui nous rend vulnérable aux actes posés par une autre personne ? Cette question suffit à reléguer notre adversaire au second plan. *Nous nous concentrons sur ce qui se passe au-dedans de nous-même.*

Penchons-nous encore davantage sur cet aspect de notre étude en abor-dant deux formes de souffrance très répandues et en voyant comment elles s'enracinent dans notre optique erronée. Commençons par le tourment inconscient que nous ressentons devant la précarité de l'existence. Puis, nous examinerons le tourment que nous inflige à notre insu le poids des fausses responsabilités.

La précarité de la vie sous un jour nouveau

Nous recherchons tous l'assurance que nous procure une certaine sta-bilité, la *permanence* de certaines choses de la vie. Pourtant, tout file entre nos doigts, tout se transforme : les gens, les lieux, les événements. En nous quittant, ils emportent avec eux notre sentiment de sécurité et nous poussent à rechercher une fois de plus un bien-être durable. Il existe un remède à cette quête incessante, un remède spirituel. Il existe une issue qui n'est pas provisoire. Il existe une réponse permanente. Mais pour trouver cette per-manence, nous devons cesser d'avoir confiance en ce qui nous a *toujours* déçu. Afin de nous aider à mieux comprendre ce phénomène de la précari-té et du tourment persistant qui l'accompagne, Guy nous propose une merveilleuse analogie. Celle-ci éclaire les raisons qui nous ont si souvent entraîné à la dérive.

À l'insu de son capitaine, les ouvriers d'un chantier naval ont fixé une fausse ancre à un navire du XVIIᵉ siècle. Cette ancre a l'apparence d'une ancre véritable, mais elle se compose de poussière d'acier et de sel dans un moule en sable recouvert d'une mince couche de peinture au plomb. Une fois jetée à la mer, elle se désagrège aussitôt. Rien ne retient le navire, qui dérive maintenant sans but et vient se fracasser sur des écueils. Le drame du capitaine fait la joie des sauveteurs ! Semble-t-il que le propriétaire de l'entreprise de sauvetage possède également une manufacture de fausses ancres qu'il vend aux navigateurs insouciants. Si vous ne voyez pas encore comment la PPC a provoqué le naufrage de votre « navire », l'explication qui suit vous éclairera.

Combien de fois n'avons-nous pas jeté à la mer une fausse ancre psychologique que nous avions crue vraie ? Chaque fois nous avons pensé jouir de la sécurité d'un nouveau travail, d'une nouvelle relation, d'une nouvelle maison. Pourtant, nous nous sommes fracassé contre des écueils. Même l'ancre de la colère, en apparence si justifiée, nous a procuré un faux sentiment de sécurité jusqu'à ce qu'elle se désagrège aussi en nous laissant épuisé et quelque peu confus. Les fausses ancres n'entraînent pas toujours des catastrophes. Il arrive parfois qu'elles tiennent le coup un certain temps. La relation perdure. Mais notre bien-être est précaire. Nous aspirons bientôt à quelque chose de plus, nous comprenons que la plus belle relation ne suffit pas à combler notre vide intérieur. Nous jetons donc à la mer d'autres ancres factices, des ancres si nombreuses que nous finissons par ne plus remarquer les écueils où nous nous échouons, car une autre imitation d'ancre se trouve toujours à portée de notre main. Existe-t-il une ancre solide, une ancre authentique qui ne se désagrège pas en nous abandonnant à la dérive ?

Oui. Une telle ancre existe. Mais avant de pouvoir jouir de la sécurité qu'elle nous procure, nous devons mettre fin aux tourments que nous vaut notre confiance absolue dans les ancres factices. Ce qui nous amène à un aspect très important, dont la signification devrait vous inciter à développer votre conscience.

Il ne saurait y avoir d'ancre solide dans notre monde physique, car tout se dissout dans l'océan du temps. Nous-même *nous* dissolvons dans l'océan du temps. Il ne faut pas craindre cette vérité, mais la comprendre, car de telles vérités nous aident à découvrir la seule permanence qui soit au monde, celle que nous hébergeons aux tréfonds de nous-même et qu'aucune tempête ne saurait déloger.

Ancrez-vous à une insubmersible sécurité

La permanence existe au-delà de notre vie présente. Nous jouissons rarement de la sécurité qu'elle nous procure dans ce quotidien qui nous incite si peu souvent à descendre jusqu'au fond des choses, et où nous parvenons si rarement au bout d'une discussion ! Chaque PPC nous tend une ancre factice lorsqu'elle nous montre comment ne plus errer à la dérive. Nous avons alors l'impression d'être solidement ancré, mais il suffit d'un changement de circonstances pour que surgisse une autre PPC. L'ancre que *cette* PPC nous tend est faite de ce qu'*elle* sait, et cette ancre est tout aussi précaire que la précédente, car toute PPC et toute invention de cette PPC sont provisoires.

Ces actes insensés ne sont pas nécessaires. Au fond de nous, au-delà des PPC, gît une conscience supérieure qui participe de notre vrai moi. Cette conscience supérieure est ancrée dans la permanence et dans la terre ferme. Lorsque nous parvenons à voir une PPC en action, pendant cette fraction de seconde de conscience accrue, nous avons les pieds bien plantés dans la terre ferme, nous sommes en contact avec ce qui, en nous, est permanent. Guy nous a proposé l'exercice suivant, qui a pour but de favoriser l'éveil de la conscience.

Une fois par jour au moins, efforcez-vous d'être *en contact* pendant cinq petites minutes. Pendant cinq minutes, *faites en sorte d'être totalement conscient* de vos actes, afin qu'une part de vous observe les changements qui affectent vos pensées et vos émotions sans toutefois vous transformer en même temps qu'elles. Vous devez adopter le point de vue d'un simple observateur. Au lieu de devenir chacune des PPC qui se manifestera au cours de ces quelques minutes, restez en retrait et dites *ciao* chaque fois que l'une d'elles quitte la scène de votre conscience.

Lorsqu'on s'ancre ainsi dans la conscience de soi, on permet au vrai moi de voir le jour. Cette conscience supérieure agit à la fois *au cœur* des événements et *hors* du temps. *Elle ne peut se dissoudre.* Lors de nos premières tentatives pour demeurer ancré en nous-même, ces instants de conscience ne durent que quelques secondes. Mais même ces tentatives avortées permettent une compréhension de nous-même que nous n'aurions pas cru possible.

L'un des moments les plus éclairants est celui où nous nous surprenons à jeter une ancre que nous croyons solide, et que nous la voyons se désagréger aussitôt dans le courant. Nous avions cru bienfaisante une nouvelle relation amoureuse, mais voilà que renaît notre insécurité. Nous avions cru que l'argent nous rendrait heureux, mais nous n'en avons jamais assez. À force de voir se répéter ce scénario, nous comprenons que notre perception de la sécurité *n'a aucune substance.* Petit à petit, la lumière se fait : *rien de durable ne se crée par la seule force de la volonté.* Mais nous *pouvons* nous regarder fabriquer une ancre factice et la jeter à la mer. C'est *ce* niveau supérieur de conscience qui s'accompagne de la permanence à laquelle nous aspirons tant. De tels moments de magie durent peu, car il nous est impossible de créer un état de conscience supérieure durable par la seule force de notre *volonté*, mais nous pouvons toujours nous prendre sur le fait. Cette suite d'éveils et d'inconscience, ce sont les voiles que nous hissons et qui se gonflent de vent. Les grandes houles s'apaisent. Nous ne sommes plus ballotté au gré des vagues, car une nouvelle ancre nous retient solidement dans les eaux permanentes du vrai.

Penchons-nous maintenant sur une autre cause de souffrances inutiles : le faux-sens des responsabilités.

Une nouvelle façon de veiller sur vous-même

Si vous ne l'avez pas encore remarqué en vous-même, vous l'avez remarqué chez d'autres : nous portons tous les fardeaux du monde. Ce fardeau se modifie avec les ans. Jeune, nous sommes accablé par l'orientation à donner à notre avenir. Adulte, ce sont les exigences de la vie active qui nous oppressent : maîtriser les événements, nous gagner l'approbation des autres, gérer nos relations, et ainsi de suite. Chaque tentative de réussite, chaque solution ajoute son poids à un fardeau déjà lourd. Puis, en vieillissant, nous ralentissons notre rythme, mais voilà que nous regrettons de ne pas avoir eu le temps de tout faire et que nous nous culpabilisons pour les erreurs commises. Bref, quel que soit notre âge, le sentiment de devoir mener une existence «significative» ne cesse de nous oppresser.

Nous ressentons tous cette responsabilité à des degrés divers et nous l'assumons en travaillant d'arrache-pied, en nous efforçant de paraître important aux yeux d'autrui et à nos propres yeux. Voilà une tâche ardue qui offre de bien maigres compensations. Mais puisque nous avons créé de toutes pièces cette occasion de stress, son seul remède consiste à cesser de nous acharner sur nous-même !

La plupart des gens refusent d'admettre qu'ils sont les maîtres d'œuvre du fardeau qui les accable. «Je suis une personne responsable», disent-ils. «*Voilà* pourquoi je souffre. En fait, ma souffrance est la preuve même de mon sens des responsabilités !»

Nous avons tous entendu de tels propos. Nous les avons sans doute énoncés nous-même, ou du moins les avons-nous pensés. Mais notre apprentissage nous ouvre une voie bien différente. Non seulement il nous révèle que nous *ne devrions pas* subir ce que nous croyons être notre responsabilité, mais encore que notre seule responsabilité réelle consiste à *percer à jour* toute forme de souffrance auto-imposée. Examinons de plus près cette contradiction.

Primo, nous aspirons au changement. À tout prendre, un tel souhait équivaut à croire que le soleil se lève parce que nous le voulons bien. La vie se transforme sans cesse. Mais nous voulons aussi qu'elle *s'améliore*, c'est-à-dire qu'elle change en fonction de *notre notion* de ce qui est bien. Nous nous efforçons de maîtriser les événements et nous nous persuadons que la tension ainsi créée entre la vie et notre vision de la vie représente notre sens des responsabilités. Mais ce mélange de vie et d'espérance comporte une erreur de taille qui ne cesse de grossir à notre insu. La raison qui nous pousse à porter un tel fardeau sur nos épaules est que nous sommes convaincu que ce fardeau est nécessaire à la création du *vrai moi*.

En dépit de tous nos efforts, aucun moi permanent ne fait son apparition. Nous ne parvenons ainsi qu'à recréer sans cesse un étrange tourment, un tourment permanent, et nous avons l'impression que la vie n'a jamais rien de mieux à nous offrir. Le seul moi qui puisse apprécier cet état de choses est notre ennemi intime, car *pour lui*, la permanence est synonyme d'ennemi perpétuel. Lorsque nous tentons de transformer notre vie dans le sens de l'idée que s'en fait ce faux moi, il en découle des changements que Guy qualifie d'« autoformateurs ».

Tout changement autoformateur est au mieux maladroit et provisoire, car il ne s'ancre pas dans la réalité. Le combat que nous menons pour lui donner forme est non seulement douloureux pour nous-même, mais il est également une cause de souffrance pour autrui, comme lorsque notre sens des responsabilités nous conduit à intervenir dans la vie de nos proches. Lorsque nous nous persuadons à tort que nous sommes responsable du comportement d'une autre personne, *nous* souffrons, et *cette personne* souffre aussi de notre ingérence. Mais à mesure que nous devenons conscient de nos erreurs, cette approche autoformatrice nous déçoit et nous lui préférons de plus en plus une approche transformatrice.

Brisez le cercle vicieux des fausses responsabilités

N'aimeriez-vous pas lâcher prise ? Vous débarrasser une fois pour toutes de ce sentiment d'échec ? De la peur des « qu'en-dira-t-on » ? De votre appréhension de l'avenir ? Ne serait-ce pas merveilleux de ne plus vous sentir responsable de la tournure des événements ? Oui. Vivre sans ces fardeaux est possible.

Lorsque nous constatons combien il est futile de tenter de rendre notre vie conforme à l'idée que nous nous en faisons, nous commençons à comprendre que *nous créons nous-même* notre défaitisme. La certitude d'être responsable de notre destin n'était qu'une forme inconsciente d'auto-punition. Cela ne veut pas dire que nous ne devions pas envisager l'avenir et voir à notre bien-être avec un certain sens pratique. Cela ne signifie pas non plus que nous devions cesser d'avoir à l'égard de notre prochain un comportement décent. Cela signifie que nous devons cesser d'assumer notre avenir comme s'il *nous appartenait* d'en maîtriser le déroulement. Lorsque nous comprenons enfin que nos inquiétudes n'ont aucun effet sur notre destin, nous renonçons à nous inquiéter. Et nous entendons chaque jour un peu plus la voix de la vraie vie.

Il n'y a que *maintenant* qui compte.

L'avenir échappe à notre contrôle. Nous devons effectuer des *choix*, mais il ne nous revient pas d'en choisir les conséquences, bonnes ou mauvaises.

Notre devoir consiste uniquement à demeurer conscient à chaque instant et à permettre à cette conscience de nous servir de guide. Quand nous nous en tenons à cela, nos expériences de vie deviennent des expériences *transformatrices*. Lorsque nous assumons de fausses responsabilités qui nous incitent à appréhender l'avenir, nous restons dans le domaine de l'autoformation. Cette façon de faire nous rend imperméable à toute transformation. Remémorez-vous l'athlète handicapé dont il a été question précédemment. S'il avait insisté pour que sa vie corresponde à ses objectifs, l'accident dont il a été victime l'aurait dévasté. Il n'aurait connu alors que des tourments, et aurait éprouvé de la colère envers lui-même et l'univers entier. Mais il s'est laissé porter par le courant. Il a accepté l'enseignement transformateur que la vie lui offrait, et sa tragédie s'est transformée en triomphe.

Faites appel aux forces transformatrices

Lorsque nous nous reprochons nos actes ou que nous appréhendons ceux-ci, ces sentiments négatifs sont engendrés par notre faux-sens des responsabilités. Nous comprenons maintenant qu'un tel fardeau n'est nullement nécessaire. Notre faux moi proteste ; il déclare que nous ne serions pas efficace sans un tel sens des responsabilités. En vérité, nous pouvons apprendre à nous débarrasser du fardeau factice de la douleur, tout en accomplissant avec soin, voire avec une efficacité encore plus grande, nos tâches quotidiennes. *Aucun lien essentiel n'unit le sens des responsabilités à la souffrance.* Croire à un tel rapport est une erreur fondée sur la logique autoformatrice.

«Si je ne souffre pas, disons-nous, cela signifie que je suis sans cœur. Mais je suis une bonne personne. Ma souffrance le prouve.» Nous nous imposons des souffrances afin de nous convaincre de notre valeur et de la réalité de l'image que nous projetons. Tout cela n'est que mensonge. Souffrir *ne prouve pas* que nous existons. Mais comprendre que la souffrance est une ancre factice nous permet d'accéder à une autre réalité où le fait d'être responsable et vrai est une seule et même chose, un état de bien-être du moi.

En résumé, responsabilité vraie n'est pas synonyme de souffrance. Le défaitisme, non pas la tâche à accomplir, est un fardeau. Nous croyons à tort que notre disposition à souffrir d'une situation donnée nous confère le pouvoir d'influencer les événements. Mais c'est à la réalité et au vrai que revient la tâche de déterminer la suite des événements et la suite de notre vie. Aucune somme de réflexion ou d'anxiété ne peut modifier le cours des événements ; tout au plus peuvent-elles nous assurer que les choses *ne se dérouleront pas* comme nous l'aurions souhaité. Cela signifie que notre responsabilité consiste à faire face à la vie en toute conscience afin que notre perception de chaque événement reflète la réalité et non pas les caprices de notre imagination. Les choix que nous faisons alors œuvrent pour notre bien-être. Nos décisions nous deviennent chaque jour plus faciles, car une conscience accrue les éclaire.

Ralph Waldo Emerson, l'éminent écrivain et lui-même apprenti autodidacte de la vie supérieure, dit ce qui suit de la lumière que recèle l'invisible réalité : «Si nous portions tant soit peu attention aux événements de notre quotidien, nous verrions qu'une loi supérieure à celle de notre volonté les régit ; que nos labeurs douloureux sont inutiles et infructueux ; que seuls nos actes spontanés, simples et faciles font de nous des êtres forts… Jetez-vous dans le courant puissant et sage qui propulse tout ce qui y pénètre, et il vous conduira sans effort vers le vrai, le juste et une totale satisfaction.»

Reprenez possession de votre vie

Tout suit pacifiquement son cours lorsque nous assumons notre vraie responsabilité, c'est-à-dire découvrir la vérité de la vie et le rôle que nous avons à y jouer. Les événements se déroulent alors en souplesse et en harmonie, car ils sont soutenus par une puissance supérieure.

Quelles que soient les inquiétudes qui vous assaillent – un nouveau travail, une relation en déroute –, lâchez prise. Confiez-les à une puissance supérieure. Lorsque nous croyons à tort qu'il est de notre *devoir* de porter le fardeau de la vie, nous empêchons la transformation qui nous hissera à un plan supérieur et plus heureux. Il est possible d'apprendre à dire au vrai, à Dieu : «Occupe-t'en.» Puis de nous contenter de faire le nécessaire en agissant de notre mieux et en laissant les événements suivre leur petit bonhomme de chemin. Nous ne sommes pas venu sur terre pour *prouver* que nous existons. Notre unique devoir consiste à découvrir que la réalité et nous *sommes déjà* une seule et même chose.

Résumé

Dites-vous que les pensées et les sentiments d'anxiété
qui veulent vous vendre un parapluie ne sont pas là
pour vous protéger d'un orage qui approche...
mais bien pour vous attirer dans un orage.

— Guy Finley, *Les voies de l'émerveillement*

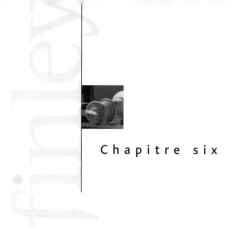

Chapitre six

Votre victoire intérieure triomphe de tout

> L'homme courageux n'est pas celui qui n'a jamais peur,
> car cela serait stupide et irrationnel, mais bien
> celui dont l'âme noble maîtrise cette peur et ose défier
> avec courage le danger qu'il est naturellement porté à fuir.
>
> JOANNE BAILLE

L'accession graduelle à un plan supérieur de conscience qui nous vaut peu à peu le genre de vie pour lequel nous avons été créé nous procure aussi la force de surmonter tous les écueils et de relever tous les défis de l'existence. Souvent, à notre grand étonnement, nous recherchons la confrontation avec nos anciennes faiblesses, car nous sommes animé d'une confiance cosmique croissante et invincible. Le butin que nous rapporte notre victoire intérieure se compose de ressources supérieures qui nous viennent en aide à chaque instant de la journée. Oui, nous avons encore des batailles à livrer, mais la fin de la guerre approche. À chaque jour qui passe, notre volonté de découvrir notre vérité personnelle affaiblit notre ennemi intime. Et en dépit de ce qu'affirme le faux moi, la connaissance de soi négative n'existe pas.

Par exemple, lorsqu'il constate votre appréhension face à une personne ou à une situation, le moi craintif vous dira toujours de détourner le regard. Si c'est déjà fait, il vous dira que cette faiblesse est un défaut dont vous devriez avoir honte. Ce moi-là *ment*. Voici la vérité : l'aspect de vous qui vous incite à dissimuler vos faiblesses ou qui cherche à vous les cacher n'agit pas *dans votre intérêt* mais à votre détriment.

En voici la preuve.

Chaque fois que votre ennemi intime parvient à vous convaincre de fermer les yeux sur l'expression d'un quelconque défaitisme, il vous a secrètement convaincu d'*accepter* que l'état intérieur que vous tentez de fuir est plus puissant que vous. Car puisque, en toute logique, il est inutile de fuir ce qui ne nous effraie pas, si nous fuyons quelque chose, c'est sans doute que ce quelque chose nous dépasse. Vous voyez le piège ? Consentir à éviter une situation extérieure *ou* un état intérieur, c'est croire à tort que notre seule alternative consiste à en être victime. Cette conclusion inconsciente n'a qu'un but : nous ancrer dans la peur qui fait de nous l'esclave consentant de nos appréhensions. Nous devons nous lasser d'avoir peur de tout. Le courage d'en finir avec l'appréhension est directement proportionnel à notre volonté de découvrir la vérité sur nous-même. La plus petite de ces vérités est plus puissante que les millions de mensonges que nous avons été conditionné à tolérer. Voici une grande vérité à méditer : si la peur d'être terrassé par ce qui nous effraie ne vient pas renforcer notre appréhension, *aucune peur psychologique n'a de pouvoir sur nous*. Effacez la notion d'échec, et vous effacerez la peur. Comme le dit Guy dans son ouvrage intitulé *Les clés pour lâcher prise*, l'échec n'existe pas :

N'acceptez jamais l'échec

Tant que vous pourrez apprendre, vous n'aurez jamais besoin de vous sentir limité par un échec passé. Voici la vraie réalité : rien ne peut empêcher la personne qui apprend à se connaître de réussir dans la vie, parce que la sagesse triomphe toujours de l'adversité. Toutefois, pour accéder à la vraie sagesse, vous devez vous lancer dans une bataille spéciale. S'il existait une bannière pour rallier les adeptes de cette bataille, voici l'inscription que porterait cet appel supérieur aux armes: «Je peux le découvrir!» Oui, vous pouvez découvrir ce qui est. Peut-être ne savez-vous pas pourquoi vous vous sentez aussi seul ou inquiet à certains moments, mais vous pouvez le découvrir. Peut-être vous demandez-vous comment vous avez pu être aussi aveugle aux intentions véritables d'une personne mauvaise, mais vous pouvez le découvrir. Ces quatre mots sont un cri de liberté. Utilisez-les pour faire échec à ce qui vous fait échec.

Ces nouvelles réjouissantes nous conduisent à une étape très importante de nos études : s'il est possible d'apprendre, de transcender nos souffrances autocréées passées *et* futures, d'où vient que nous persistions à refuser de voir le bout du tunnel?

Une nouvelle connaissance de soi et une nouvelle étape à franchir

Notre croissance physique a lieu sans effort de notre part. Notre corps mûrit; nous apprenons à lacer nos chaussures, à danser, à faire de la gymnastique. Nous développons tout naturellement nos aptitudes sociales. Notre cerveau se développe aussi: nous apprenons une langue étrangère, nous accroissons nos connaissances afin de pouvoir comprendre une théorie scientifique ou pour apprendre une série d'axiomes mathématiques. C'est là un processus naturel.

Mais en ce qui concerne notre développement émotionnel, bien que nous apprenions avec assez de facilité à masquer les tourments qui affligent notre cœur et notre tête, nous ne transcendons pour ainsi dire jamais nos vieilles angoisses et nos vieilles rancunes, nos doutes et nos inquiétudes. Ce n'est pas sans raison.

Contrairement à notre corps qui, parce qu'il obéit aux lois mécaniques de l'évolution, parvient à maturité presque *sans* effort, le développement spirituel n'est pas le résultat d'un processus naturel d'évolution. Il résulte d'un effort de la *volonté*. Ne vous y trompez pas. Le développement spirituel exige de nous un choix conscient et un effort réel. C'est une perle de prix, un long cheminement, la quête de toute une vie. Nous avons tous la possibilité de nous engager dans cette aventure intérieure, mais nous devons d'abord admettre qu'elle est essentielle à notre épanouissement. Nous devons ardemment la désirer, et aussi nous montrer disposé à franchir les obstacles douloureux que cette évolution place sur notre route. Mais vous n'entrez pas seul dans ce combat avec vous-même, contrairement aux autres combats que vous avez livrés auparavant. Les PPC conspiratrices et astucieuses céderont la place à des alliés puissants, tant et aussi longtemps que vous serez disposé à embrasser le vrai.

Une meilleure connaissance de soi nous permet de triompher différemment de la vie en nous montrant que nous ne sommes jamais victime des circonstances que si nous nous réfugions dans nos vieux réflexes et nos vieilles certitudes, et si nous fondons notre compréhension des événements sur nos connaissances passées au lieu de retenir les enseignements que la vie nous transmet. Car, ainsi, nous rejetons les faits véridiques qui seuls pourraient nous libérer. De tels échecs ne nous sont plus nécessaires. Il y a une porte de sortie. Pour la trouver… nous devons adhérer à une nouvelle vision de la vie, fondée sur la connaissance de soi supérieure.

Vivez en harmonie avec le vrai

Comment développons-nous de nouvelles habiletés ? Par exemple, comment apprenons-nous à faire du saut en hauteur ? Nous obéissons aux directives de l'instructeur et, parfois, nous analysons les sauts d'une autre personne ; mais, dans l'ensemble, nous apprenons *sur le tas*, en le faisant. Le plus souvent, au début, nous percutons la barre. Inutile de le nier lorsque cela se produit. Il est facile de voir et de sentir que nous avons échoué. Notre chute prouve que nous avons commis une erreur, si bien que nous cherchons un nouvel angle d'approche ou une nouvelle technique. Et nous recommençons sans répit. Chaque fois que nous échouons, nous prenons conscience de notre erreur et nous modifions notre technique, car nous savons que chacune de ces corrections nous rapproche de la réussite à laquelle nous aspirons.

Ces règles d'apprentissage, élémentaires mais précises, entrent aussi en jeu lorsqu'il s'agit de notre développement psychologique et spirituel et de notre triomphe sur nous-même. Chaque fois que nous ressentons une douleur émotionnelle, nous devrions y voir l'indice que nous avons erré, que nous avons échoué et que nous devons emprunter une autre voie. Par exemple, notre souffrance actuelle constitue la preuve que notre façon passée de réagir à une crise personnelle ne nous aide nullement à franchir les obstacles, puisque nous les percutons. Cette souffrance nous démontre que, non seulement devons-nous trouver une meilleure façon de composer avec la vie, mais encore que nos anciennes méthodes ne fonctionnent pas. Mais, pour la plupart, nous refusons le plus souvent ce type d'apprentissage. Nos attentes se heurtent par centaines à la réalité quotidienne. Guy appelle ces circonstances des « rencontres avec la juste vérité », car dans ces moments pénibles, nous constatons que nous ignorons comment agir. Graves ou anodines, ces collisions du moi avec le vrai ne sont pas *en soi* un problème. D'une certaine façon, elles représentent l'école de la vie. *Ce qui pose un problème est notre refus d'admettre que nous ne savons que faire.* Nous ne puisons pas dans les événements de précieuses leçons. Au contraire, nous nous plaçons sur la défensive et nous nous enracinons dans l'état d'esprit qui a provoqué notre dernière collision. Nous prétendons connaître la cause de nos malheurs ; nous prétendons savoir qui ou quoi en est responsable. Et lorsque, par cette approche fautive, nous dénichons un bouc émissaire, nous savons enfin comment agir. Une PPC émerge et nous dit de « nous montrer heureux », de « manger quelque chose », d'« appeler un ami », de « réfléchir à tout cela ». Mais aucune de ces réactions ne nous apprend à composer correctement avec la prochaine crise. Nous persistons à croire que nous savons ce qu'il convient de faire, et au lieu de trouver une meilleure solution, nous nous enlisons dans nos vieilles ornières.

Remémorez-vous l'exemple du saut en hauteur. Supposons que, chaque fois que notre athlète rate la barre, il prétende que c'est parce que la barre n'était pas placée au bon endroit. Il ne découvrira jamais la vraie raison de ses échecs répétés. De même, tant que nous ne découvrons pas la véritable cause de nos malheurs, nous n'accéderons pas au bonheur. Tant que notre idée préconçue de la vie se heurtera à la réalité, nous aurons l'impression d'échouer. Et puisque nous ne tirons jamais d'enseignement de nos chutes, tout se répète à l'infini. Nous avons l'impression d'avoir perdu la maîtrise de notre vie. C'est en effet le cas.

Nous puisons des enseignements dans la vie quand nous cessons de blâmer la réalité pour nos malheurs et que nous admettons que notre conscience lacunaire est la source du problème. Si nous désirons sincèrement nous hisser à un niveau supérieur de conscience, nous bénéficierons du pouvoir régénérateur du vrai, car celui-ci fera partie de nous et se manifestera à travers nous. Mais nous n'y parviendrons pas sans effort. Personne ne peut nous dire en quoi consiste le vrai, car alors le vrai ne pourrait jamais se fondre à nous. Tout comme l'athlète doit faire l'essai de plusieurs techniques nouvelles avant de trouver celle qui lui convient, nous devons remettre seul en question nos certitudes et nos réactions. Lorsque, en pénétrant dans le vrai, nous commençons à en comprendre l'essence et à savoir quelle place nous y occupons, ce vrai et toute la force qu'il engendre deviennent nôtres à jamais.

Le petit garçon qui ne croyait pas à la « maison hantée »

La réalité diffère beaucoup de l'idée fausse que nous nous en faisons, mais seule une constatation directe de ce fait peut déboucher sur une nouvelle façon de composer avec le quotidien. Malheureusement, nous faisons l'impossible pour éviter cette expérience. Une part non négligeable de nous-même appréhende en secret d'éveiller le chat qui dort si nous remettons notre optique en question. Mais nous devons l'éveiller pour découvrir que ce qui nous terrifie n'est qu'un produit de notre imagination. Pour illustrer ce qui précède, Guy nous a raconté au cours d'un atelier l'inquiétante histoire de quatre jeunes garçons et d'une maison hantée.

L'histoire se passe pendant la Crise, à Turnaround, une paisible petite ville de l'ouest du Texas. C'était une petite ville tout à fait ordinaire, sauf pour un détail. En plein centre, sur l'une des grandes artères qui la traversaient de part en part, il y avait une vieille maison hantée. Comme la plupart des citoyens de la ville, nos quatre garçons évitaient autant que possible de passer devant la maison délabrée. On disait que quiconque osait s'aventurer dans ses parages risquait d'être happé par un fantôme qui l'entraînerait dans ses recoins les plus sombres. Les garçons ne souhaitaient nullement ce genre d'aventure, si bien qu'ils effectuaient chaque jour de très longs détours pour se rendre à l'école. C'était plutôt embêtant, mais ils n'y pouvaient rien. Il fallait ne pas avoir toute sa tête pour se risquer dans les alentours d'une telle maison! Ainsi, puisque chaque matin les garçons prenaient le chemin le plus long pour se rendre à l'école, ils y arrivaient toujours en retard. Parvenu à ce point de l'histoire, Guy a tracé un parallèle avec la psychologie humaine.

Nous hébergeons tous des peurs, des hantises et de noirs sentiments dont nous pressentons la présence, mais que nous refusons d'affronter de crainte qu'ils ne nous entraînent dans le néant. Si bien que, au lieu de les remettre en question, nous les laissons agir dans l'ombre et refusons d'admettre leur existence. Et la vie continue. Ces hôtes invisibles de notre maison hantée intime dominent notre vie à notre insu. Qui sont ces lutins malveillants dont nous refusons de voir le visage? Réfléchissez! La colère n'est-elle pas un démon? Notre peur de la solitude, un spectre sinistre? Et qu'en est-il de notre terreur de vieillir? Plutôt que d'examiner ces fantômes afin de découvrir si oui ou non ils nous dominent *réellement*, nous les tenons cachés. Comme les enfants de Turnaround, nous tournons le dos aux situations qui nous dérangent, ou nous attribuons une cause extérieure à nos malheurs.

Ce n'est pas tout. Au plus profond des gouffres inexplorés de l'être, s'entassent des croyances que nous hésitons à regarder en face: notre conception de Dieu et du vrai; notre rôle dans l'univers. Nos concepts sont rarement *originaux*: nous adhérons le plus souvent aux idées d'autrui, glanées dans les livres ou reçues de personnes dont les connaissances nous semblent supérieures aux nôtres. Nous hésitons à remettre en question la validité de ces idées, car si elles se révélaient fausses, nous constaterions que nous sommes dans l'erreur, et le fondement même de notre existence s'écroulerait. Bien entendu, l'un des grands paradoxes du vrai est qu'il est le contraire même de nos peurs les plus ancrées: le premier pas vers la connaissance et la vraie vie consiste à admettre que nos idées ne nous viennent pas de nous. Il nous semble en effet plus facile d'ignorer toutes ces questions, mais, là encore, la vérité est tout autre. Le fait d'aborder nos incertitudes et nos doutes sur la pointe des pieds complique inutilement notre vie et nous la rend le plus souvent incompréhensible. Mais nous préférons composer avec les problèmes que cette attitude entraîne plutôt que d'affronter directement nos appréhensions.

Or, les jeunes garçons de tout à l'heure préféraient eux aussi emprunter des détours plutôt que d'affronter les dangers supposés de la maison hantée. En fait, tous les garçons, sauf un. Justin en eut un jour assez d'emprunter le chemin le plus long et de toujours être en retard. Un après-midi, en rentrant de l'école, il se tourna vers ses copains et leur dit :

— Qu'est-ce qui vous prouve que cette maison est hantée ?

Pour toute réponse, ses copains firent valoir de vieilles légendes et des rumeurs. Manifestement, aucun des garçons ne connaissait personnellement la vérité sur cette maison. Tout devenait clair.

Justin voulut immédiatement savoir la vérité, une fois pour toutes.

Il convainquit ses camarades de s'approcher avec lui de la maison hantée. Bien entendu, ainsi qu'ils l'avaient tous prédit, ils entendirent, en parvenant à sa proximité, des bruits étranges. Puisque nous nous débrouillons toujours pour prouver que les circonstances nous donnent raison, les garçons terrifiés en conclurent que la maison était réellement hantée et ils prirent leurs jambes à leur cou.

Justin, quant à lui, resta sur place avec courage.

« Personne ne sait rien », se répéta-t-il. Fort de cette notion, il s'engagea dans le sentier envahi par les mauvaises herbes et parvint à la porte, déjà grande ouverte.

Il pénétra à l'intérieur. Dans la pénombre, le cœur battant, il sursauta au moindre bruit. Mais il ne perdit pas courage et découvrit bien vite, en riant, la source de chacun. Il n'y avait là rien de bien terrifiant. Ce n'était qu'une maison délabrée. Les hululements ? Le vent qui sifflait entre les planches disjointes. Les cliquetis qui lui avaient depuis toujours fait croire à une danse macabre ? Rien que le bruit de persiennes à moitié arrachées. Curieusement, cet amas de débris parvenait à effrayer tout le bourg de Turnaround. Justin courut dehors pour dire à ses copains que la maison ne contenait rien qui puisse les effrayer, mais aucun d'eux ne voulut aller constater ce fait de visu. Chacun invoqua des raisons personnelles : il était tard ; y aller le lendemain serait préférable ; et ainsi de suite. L'un des garçons prétendit même qu'il n'avait jamais cru à cette histoire de maison hantée. Bien entendu, le lendemain, aucun des amis de Justin ne voulut passer pour un lâche, si bien que, pour se rendre à l'école, ils contournèrent la vieille maison. Mais ils regardèrent sans cesse par-dessus leur épaule et le moindre bruit les fit sursauter tant et aussi longtemps que la maison fut dans leur champ de vision. Voyez-vous, ils étaient encore terrifiés, car ils n'avaient jamais découvert la vérité par eux-mêmes. Mais le brave petit garçon qui avait osé s'aventurer à l'intérieur n'avait plus peur. Il savait que rien, dans cette maison, ne pouvait lui faire de mal.

Il en va de même pour nous. Tant que nous laissons les autres décider de notre vie et de ce que nous sommes, tant que nous refusons de nous explorer nous-même, nos concepts réconfortants ne nous sont d'aucun secours en temps de crise. Nous appréhendons toujours une présence mystérieuse et toute-puissante. Seules les vérités que nous aurons su découvrir par nous-même peuvent nous aider à affronter l'orage. Si nos actes se fondent sur des vérités artificielles, sur de fausses idées jamais remises en question ou transformées par l'expérience, nous accumulons les défaites. Mais quand nous découvrons le vrai et que nous en tirons des enseignements, nous sommes toujours victorieux, comme nous le souligne Ralph Waldo Emerson : « Ainsi, face à ce qui nous déplaît ou nous renverse, la prudence ne réside ni dans la fuite ni dans l'évitement, mais dans le courage. Celui qui aspire à cheminer avec sérénité dans les paysages les plus apaisants de son existence doit faire preuve d'une grande détermination. S'il affronte avec vaillance l'objet de ses plus grandes appréhensions, sa peur sera sans fondement. »

La juste décision qui vous apporte la sécurité

Nous prétendons connaître la signification profonde des événements qui se produisent et nous y réagissons d'une manière qui nous semble appropriée. Cette réaction teinte aussitôt notre point de vue de la suite des événements et s'en trouve, de ce fait, confirmée. Il s'ensuit une spirale d'émotions douloureuses, mais aussi exaltantes, qui nous confirment dans notre opinion de nous-même. Nous affirmons avoir été maltraité, trahi, ou ignoré. Nous remettons rarement en question notre perception des événements ou notre réaction à ceux-ci. Quiconque nous met en garde contre les apparences devient à nos yeux un ennemi malveillant, un élément même du problème auquel nous sommes confronté.

Nous nous contentons de l'interprétation des faits que nous fournissent les PPC, car nous croyons celles-ci honnêtes. Si bien que nous ne découvrons jamais que les lutins de notre maison intime n'ont aucune réalité, et notre anxiété se perpétue. Étrangement, nous refusons d'admettre nos erreurs de perception même si celles-ci nous occasionnent des désagréments, car si nous les reconnaissions, nous nous verrions forcé de remettre en question nos certitudes et notre opinion de nous-même et de l'existence. Il nous semble plus réconfortant d'emprunter en aveugle la route que nous indiquent nos PPC. Le fait d'être constamment ballotté à notre insu d'un réflexe conditionné à l'autre intensifie ces réflexes. Avec le temps, ceux-ci nous paraissent tout naturels et leur remise en question devient de plus en plus improbable. Nous nous enracinons dans nos réflexes, notre clarté de vues diminue, et nous nous éloignons sans cesse davantage de la spontanéité à laquelle nous avons droit.

Tant que nous refusons de douter de notre interprétation des bruits étranges qui proviennent de notre maison hantée, nous n'évoluons pas. Mais si nous examinons avec courage ces spectres terrifiants afin de voir si oui ou non ils existent, nous découvrons tôt ou tard que les idées ou les émotions que nous appréhendions n'ont aucune réalité. En posant sur nous-même un regard objectif, nous constatons que ces idées toutes faites ne correspondent nullement à l'être que nous sommes. Nous pouvons les mettre de côté.

Ce regard objectif est-il possible ? Pouvons-nous vraiment remettre en question les pensées et les émotions qui veulent nous dominer ? Un jour d'hiver, tandis que nous finissions de déjeuner, Guy nous a raconté une histoire très intéressante par laquelle il nous démontrait qu'en dépit de nos défaites nombreuses nos efforts seraient un jour récompensés.

Parvenu à sa majorité, un jeune prince quitta le palais du roi, son père, afin d'établir sa résidence dans un grand domaine que celui-ci lui avait donné. S'il avait un jour besoin qu'on lui porte secours, lui dit son père, il n'aurait qu'à placer une lampe dans la plus haute fenêtre de la tour et on lui dépêcherait un carrosse et un cheval pour le conduire en lieu sûr. Mais son père le mit aussi en garde contre un méchant sorcier, un ennemi du royaume : lui aussi pourrait apercevoir cette lampe et lui envoyer son propre carrosse, lequel le précipiterait dans le danger. Bien entendu, cette éventualité effraya le futur roi. Comment différencier les deux carrosses ? Il y avait un moyen infaillible, le rassura son père. Chaque fois qu'un carrosse viendrait à son secours, il devrait regarder attentivement le cheval qui le tire *avant* d'y monter. Un cheval à robe claire le conduirait en lieu sûr ; un cheval à robe sombre l'emporterait vers le danger.

Le prince dut affronter des tas de malheurs et, chaque fois, il plaça une lampe à la fenêtre de la tour. Pendant plusieurs mois, à tant vouloir fuir son château menacé, il négligea de regarder le cheval venu à son secours, si bien que celui-ci l'entraîna sans répit dans des chemins dangereux. Bientôt, le prince comprit que son inattention était la source de tous ses malheurs. Il eut enfin la présence d'esprit d'examiner le cheval avant de monter dans le carrosse, afin de savoir s'il lui avait été envoyé par son père ou par le méchant sorcier. En refusant maintenant de monter dans le carrosse tiré par un cheval noir, il échappait au danger.

Cette histoire est d'une simplicité enfantine. Mais avant de la rejeter sous prétexte qu'elle ne saurait vous aider à triompher de votre ennemi intime, sachez que, en réaction aux vicissitudes de l'existence, nous choisissons toujours le carrosse qui, croyons-nous, nous conduira en lieu sûr. Enfourcher nos vieux réflexes équivaut à monter dans un carrosse tiré par des pensées qui s'emballent et des émotions déchaînées. Heureusement, tout comme le prince, nous pouvons jeter sur ces réactions l'éclairage de la réalité *avant* de nous laisser conduire par elles. Voyons de plus près comment une telle circonspection peut contribuer à protéger notre moi supérieur de tous les dangers qui le menacent.

Gardez-vous des réflexes qui s'emballent

Nous pouvons nous affranchir de nos réflexes. Nous pouvons apprendre à identifier un cheval noir avant qu'il ne nous emporte. Nous connaissons déjà la plupart de ces réflexes : la bataille est à moitié gagnée. La peur est un cheval noir. La colère est un cheval noir. L'anxiété, l'appréhension, l'apitoiement sur soi, le sentiment de supporter tout le poids du monde sont des chevaux noirs. Ajoutons à cette liste la haine, le désir de vengeance, la volonté de toujours avoir raison, l'impatience et la dépression, et nous voilà confronté à tout un équipage de chevaux noirs qui, s'ils ne nous écrasent pas carrément de leurs sabots, nous tourmentent certes à notre insu.

Ainsi, il n'est pas si compliqué d'identifier le cheval du méchant sorcier et celui du bon roi. Il suffit de savoir que le mauvais cheval nous cause du tort en nous entraînant dans une course folle. Soyez certain d'être monté dans le mauvais carrosse si :

1. Vous perdez le contrôle.
2. Ce que vous apercevez vous effraie.
3. Vous êtes en colère contre vous-même ou contre quelqu'un d'autre.
4. Votre itinéraire vous confond ou vous bouleverse.
5. Vous souffrez de votre situation présente.
6. Vous éprouvez du ressentiment ou de la haine envers quelqu'un.
7. Vous regrettez d'être né.
8. Vous enviez votre prochain.
9. Vous cherchez désespérément une solution.
10. Vous croyez que seul compte ce que *vous* ressentez.

Pourtant, en dépit de ces « courses folles » qui mettent en péril votre santé, vos relations et toute votre vie, vous *persistez* à monter dans le mauvais carrosse ! Si vous étiez vraiment conscient de vos actes, rien ne vous convaincrait de choisir une solution qui vous précipitera dans la souffrance. Voyons donc pourquoi vous persistez dans vos mauvais choix.

Un événement se produit. Parce que nous ne savons pas trop comment réagir, nous appelons au secours. En d'autres termes, nous mettons une lampe à la fenêtre. Nous savons qu'une réaction correcte est un gage de sécurité. C'est vrai. Mais voilà que surgit une PPC. Ce moi s'accompagne toujours de pensées et de sentiments qui le justifient de vouloir prendre les rênes de la situation. Le cheval noir, c'est *lui*. Il est venu nous chercher. Par le passé, nous avons toujours accueilli avec une telle reconnaissance le réflexe qui nous dictait nos actes que nous ne l'avons jamais remis en question. Mais voilà que nous préférons rester maître de la situation plutôt que de nous laisser emporter dans d'interminables courses folles. Nous songeons à la mise en garde du roi. Nous savons qu'avant de remettre notre vie entre les mains du premier sauveteur venu nous devons *le tirer de l'ombre* afin de déterminer d'où il vient. Nous détenons *déjà* en nous le pouvoir de discerner les chevaux noirs des chevaux blancs. Mais pour que ce pouvoir s'exerce, nous devons franchir une étape importante et secrète. La faculté supérieure qui doit nous permettre de choisir entre deux moyens de transport ne saurait s'exercer sans une pause psychique préalable, sans une halte intérieure. Nous devons nous ancrer provisoirement dans le moment présent, placer nos pensées et nos sentiments dans l'éclairage de la conscience afin de les voir dans toute leur réalité. C'est un exercice relativement simple. Il ne s'agit pas tant de céder à ce qui «semble juste» que de fonder son choix sur ce qui est *réellement* à *notre* avantage ; que d'admettre d'emblée qu'aucun état d'esprit défaitiste ne saurait jouer en notre faveur.

Cette halte psychique paraît aisée, mais elle exige de la pratique et même un certain effort. Il est si facile de se laisser emporter. Rien n'est plus simple ! Le reste du temps, nous le passons à nous remettre de nos équipées. Ces convalescences nous vident de toute énergie ; pis, elles nous empêchent de parvenir *vraiment* à destination. Au lieu de nous convaincre de la justesse de notre premier réflexe, nous allons faire une pause. Nous allons apprendre à rester éveillé. Cet état de veille est crucial, car le sorcier est futé. Il sait faire passer un cheval noir pour un cheval blanc. Par exemple, n'avons-nous pas tous connu des moments difficiles par excès de confiance en nous-même ? Se réjouir de la défaite d'autrui est une réaction aussi destructrice que la tristesse ou la colère. Avec le temps, nous apprenons à nous méfier des apparences. Dans le doute, remémorez-vous cet axiome : la qualité de la course est garante de la qualité du cheval. Si cette course est cahoteuse ou tourmentée, nous ne sommes pas monté dans le bon carrosse.

Supposons maintenant que nous nous rendions compte trop tard de notre erreur, quand le cheval file déjà à toute allure. Sans doute constatons-nous que nous conduit un équipage de colère ou d'anxiété. Nous avions toujours vu dans ces conditions négatives les conséquences inévitables d'un réflexe approprié. Nous savons maintenant qu'elles nous font du tort et qu'elles sont inutiles. Le chemin si souvent emprunté ne nous convient plus. Que faire ?

Tenter d'arrêter le cheval est une perte de temps et d'énergie, tout comme tenter de nous convaincre que nous ne sommes pas prisonnier d'une telle situation, nous en culpabiliser ou nous débattre. Tous ces choix ne sont que des chevaux noirs de rechange ! La seule porte de sortie consiste à nous réveiller. Par cette décision inconsciente, nous cessons de nous confondre avec le cheval emballé, nous nous apercevons de notre course folle, nous sautons hors du carrosse et nous retrouvons la sécurité, l'équilibre et la terre ferme du moment présent.

Sauter d'un moi en déroute requiert quelques aptitudes, mais celles-ci se manifesteront lorsque le besoin s'en fera sentir. Ne vous découragez pas. Méfiez-vous du cheval noir ! Vous ne parviendrez pas immédiatement à sauter sans vous faire mal. Mais vous pouvez déjà constater le progrès accompli. Nous savons que nous avons tendance à monter dans le mauvais carrosse, et que cette erreur est inutile, car nos pensées et nos sentiments ne correspondent pas à la personne que nous sommes en réalité. Notre but consiste à demeurer en éveil, à rester conscient de ce qui se passe et à ne pas retomber dans les mêmes erreurs. Quand nous nous surprenons à nous demander que faire et à placer une lampe à la fenêtre, nous savons que nous courons le risque d'être emporté par le cheval noir. Nous nous efforçons donc d'évaluer la qualité du «secours» qui nous est envoyé en prenant du recul, en calmant notre ardeur à vouloir être secouru. Ce recul est le seul moyen dont nous disposons pour décider si le sauveteur qu'on nous envoie est réel ou factice.

À un niveau plus profond, cette conscience supérieure et les décisions qu'elle permet nous aident à triompher un peu plus de notre ennemi intime. Nous savons que des adversaires se cachent vraiment dans notre pays intérieur. En prenant de plus en plus conscience de notre ennemi intime et des moyens qu'il prend pour provoquer nos réflexes autodestructeurs, nous approchons de la victoire.

Permettez au vrai de vous aider à triompher de vous-même

L'histoire de Justin, le petit garçon qui en avait assez d'avoir peur, celle du prince qui a appris à monter dans le bon carrosse sont toutes deux riches du même enseignement. Chacune nous apprend qu'en examinant nos pensées et nos émotions nous constatons que ce qui nous a toujours paru inévitable et naturel n'est souvent qu'un réflexe du faux moi. Notre connaissance accrue de nous-même nous aide à percer à jour ces réflexes conditionnés et fait de nous des êtres autonomes.

L'autonomie est un droit dont jouit tout individu à la naissance, mais elle n'est pas sans prix. Pour parvenir à nous affranchir de notre ennemi intime, nous devons oser nous fier à nos nouvelles connaissances et ne pas permettre à notre ancienne nature de décider pour nous du chemin à suivre. En bref, nous ne devons pas céder d'emblée à nos premiers réflexes. Chaque fois que nous vivons une situation de crise, au lieu de nous reposer sur d'anciennes réactions, nous devons admettre que nous ne savons pas comment agir. Cette pause permet au vrai de lever le voile sur les circonstances auxquelles nous sommes confronté. Voici un exemple simple, mais éloquent: supposons qu'on nous fait part des propos désobligeants d'un ami. Si nous obéissons à nos anciens réflexes, nous montons dans un carrosse de colère et de désespoir que tire un cheval emballé. Mais si nous nous accordons une halte psychique, la réalité aura le loisir de nous montrer que notre vrai moi est en sécurité, que rien ne saurait le trahir, que nous sommes libre !

Ne vous en faites pas si vos vieux réflexes prennent quand même le dessus. Laissez-les s'estomper d'eux-mêmes. Efforcez-vous de faire le vide en vous sans chercher à le remplir par des réactions familières. La PPC qui vous jure que vous êtes en danger est *elle-même* responsable de votre peur. Percez ce faux moi à jour et, chaque fois, non seulement vous jouirez de la sécurité à laquelle vous avez toujours aspiré, mais vous découvrirez en outre que vous n'aviez *jamais* rien à craindre.

Avez-vous déjà vu un gigantesque brise-glace se frayer un chemin à travers des kilomètres de glace en abattant tous les obstacles sur son passage ? Ne souhaiteriez-vous pas jouir d'une telle puissance ? Nous souhaitons tous surmonter les obstacles intérieurs et extérieurs, nous rendre où nous voulons à la vitesse qui nous convient. Nous voulons que notre vie nous appartienne. Voilà ce que signifie gagner la guerre contre nous-même. Cette victoire équivaut à nous frayer un chemin parmi les certitudes et les émotions, les interprétations fausses et les réflexes conditionnés qui ont fait de la vie notre pire ennemi.

Si vous voulez évoluer, prenez des risques spirituels. N'évitez rien. Que tout ce qui vous secoue vous réveille ! Écoutez-moi : il n'est pas nécessaire d'être fort ; il suffit d'en avoir assez de trembler devant la vie. La *seule* façon de triompher de votre ennemi intime consiste à envahir son territoire, cette « maison hantée », armé de la seule lumière du vrai. Puisque rien de sombre ne saurait survivre à une conscience supérieure, la victoire vous appartient. En d'autres termes, votre vie vous a été rendue.

Résumé

Pour la plupart, les hommes et les femmes qui s'efforcent de lâcher prise commettent la même erreur. Ils tirent leurs propres conclusions. C'est tragique. La vérité veut dans la mesure du possible nous enseigner que les limites de notre vie spirituelle actuelle ne sont pas celles des possibilités que la vie nous offre. [...] La personne que nous pourrions devenir se métamorphose en même temps que nous prenons conscience de la personne que nous ne pouvons plus continuer d'être. Voilà le secret des secrets, le secret qui nous fait lâcher prise.

— Guy Finley, *Lâcher prise*

Chapitre sept

Sachez reconquérir votre vie

L'ordre, c'est la lumière et la paix, la liberté intérieure
et l'autonomie de l'être : l'ordre, c'est le pouvoir.

AMIEL

Nous avons vu que la guerre qui fait rage en nous met en présence deux aspects conflictuels de l'être. Cet affrontement est la cause de tous nos conflits et de tous nos tourments. Nous savons ce que signifie participer à une telle lutte intérieure, car les mécanismes de notre cerveau la déclenchent en chacun de nous. Chez ceux qui aspirent à une plus grande vie spirituelle, ce combat intérieur comporte un élément supplémentaire : le conflit entre ces rares aspects de nous-même qui doutent de la nécessité de tels affrontements et aspirent à la sérénité, et ces nombreux aspects de nous-même qui préfèrent se battre. L'histoire de la religion regorge de témoignages d'individus sincères qui ont connu de tels conflits intérieurs. Ainsi que le dit si joliment saint Paul : « Le bien que je voudrais faire, je ne le fais pas ; mais je fais le mal que je ne souhaite pas faire. »

Si nous nous examinons en toute honnêteté, nous constatons que, dans le brouhaha des voix qui s'arrachent en nous le pouvoir, aucune ne s'impose, aucune ne nous guide. Nous savons maintenant que notre confusion et les tourments qu'elle engendre prennent leur source dans toutes nos PPC susceptibles et égoïstes qui tour à tour s'efforcent de soumettre l'univers à leur volonté. Il s'ensuit une véritable cacophonie où chaque voix crie pour se faire entendre sans s'occuper des autres voix ou de la réalité, où chaque voix s'efforce de nous convaincre qu'elle est *nous*. Dans ce mouvement de balancier, les décisions d'un moi ne correspondent plus aux désirs d'un autre moi. Une part de nous embrasse cela d'un regard désespéré et constate que le chaos règne. Nous jurons de nous efforcer de devenir la personne sereine et entière que nous rêvons d'être. Mais nous nous laissons entraîner aussitôt dans un autre combat, vers une victoire illusoire, et nous reléguons nos bonnes intentions aux oubliettes.

N'est-il donc pas possible de fuir ce champ de bataille et de reprendre possession de notre vie ? Pouvons-nous permettre aux bons aspects de nous-même de l'emporter sur les mauvais ? Est-il possible qu'une voix plus puissante que les autres parvienne à se faire entendre ?

Oui ! Nous *pouvons* trouver en nous cette souveraineté. La transformation commence tout naturellement lorsque nous prenons conscience de notre situation et que nous désirons par-dessus tout nous en affranchir. À mesure que cette bonne intention se renforce, nous trouvons comme par magie l'issue de notre champ de bataille psychologique, tout en demeurant exactement où nous sommes !

L'étonnante découverte du correspondant de guerre

Un soir, en classe, Guy nous a parlé d'autotransformation. Il nous a raconté une histoire particulièrement éloquente qui nous a transportés au bout du monde et nous a permis de faire la connaissance d'un jeune correspondant de guerre.

Cette histoire nous a fait faire un bond dans le temps jusqu'aux années soixante. Un jeune reporter décide de se rendre au Viêtnam afin d'y interviewer les hommes et les femmes en devoir. Il désire relater leurs expériences afin que ses lecteurs puissent mieux comprendre la guerre qui fait rage là-bas. À son arrivée, il trouve un pays déchiré et cruel. Ce qui le trouble le plus est de ne pas pouvoir distinguer ses amis de ses ennemis. Bien vite, il sait qu'il ne peut se fier à personne.

Un soir, alors qu'il dîne au restaurant, il a vent de rumeurs voulant que, dans les jungles du nord, on se livre à des activités inhabituelles. L'occasion est propice. Il rassemble aussitôt ses affaires dans le but de se rendre sur les lieux du reportage qui, espère-t-il, lui vaudra le prix Pulitzer. En s'arrêtant à réfléchir, il s'en veut de puiser, par ambition et par égoïsme, une gloire personnelle dans d'aussi tragiques événements. Cette révélation le trouble, mais il la repousse et saute à bord du transport qui doit le conduire vers une histoire bien différente de celle à laquelle il s'attend.

Parvenu à destination, notre reporter est accueilli par un jeune homme qui lui lance: «Bienvenue au Camp de la folie.» Cette nuit-là, il constate l'exactitude de ces paroles de bienvenue. Dès la nuit venue, le ciel s'illumine de roquettes et de tirs au mortier. À chaque explosion, la terre tremble. Terrifié, le reporter se réfugie dans un immense bunker où des centaines d'hommes s'apprêtent à passer la nuit. Compte tenu de la confusion, du bruit et des lumières vacillantes, il lui semble avoir pénétré en enfer. «Qu'est-ce que je fais ici?» se demande-t-il. Pour toute réponse, il entend une autre explosion qui fait se balancer les ampoules suspendues au plafond. En dépit de sa nervosité, il conserve intacts ses instincts de reporter et il écoute attentivement les conversations. Ce qu'il entend le trouble encore davantage. Dans un coin, un groupe de soldats complotent contre leurs officiers supérieurs. À une table à sa gauche, des hommes se querellent. Une bagarre semble imminente. Une ambiance de peur et de violence imprègne la pièce.

Mais tandis qu'il jette autour de lui un regard circulaire, quelque chose le tracasse. Il sent qu'un détail très différent perce à travers cette folie généralisée. Laissant errer son regard çà et là, il trouve ce qu'il cherche. Dans un coin éloigné, un homme assis semble complètement à l'écart de tout. Indifférent à ce qui se passe autour de lui, il se trouve pour ainsi dire dans l'œil du cyclone. Le reporter l'observe et tente de déceler si sa sérénité ne serait pas due à la drogue. Mais l'expression alerte de l'homme le détrompe. Le reporter a trouvé le sujet de reportage qu'il est venu chercher au Camp de la folie.

Il s'approche du soldat paisible qui le reçoit avec un sourire obligeant. Après quelques propos banals, le reporter ne cache plus sa curiosité. « Qu'est-ce qui se passe ici ? fait-il. Les autres semblent anxieux et violents, mais vous paraissez calme, heureux même. Comment cela se fait-il ? »

Le soldat le regarde en riant : « Ce n'est pas un secret, dit-il. Il y a quelques semaines, j'ai demandé mon transfert, et je viens d'apprendre que, demain matin, je rentrerai chez moi. »

Le reporter comprend pourquoi l'état d'esprit de ce soldat se démarque tant de celui des autres. Il ne fait déjà plus partie du même univers, si bien que celui-ci ne l'effraie plus. Il n'est plus présent. Il sera transféré demain.

Transférez-vous dans une nouvelle vie

Accéder à la vie spirituelle équivaut à constater la nécessité d'un transfert et à le demander. Notre univers psychique nous apparaît tel un champ de bataille secret et insensé. Nous nous efforçons de lui trouver un sens en prenant parti, mais, ce faisant, nous ne parvenons qu'à nous plonger encore davantage dans la mêlée, par exemple lorsque nos acquis (notamment la réussite matérielle) entrent en conflit avec notre désir d'épanouissement (l'envie de nous amuser). Le moi ambitieux juge et s'efforce de dominer le moi paresseux, et il en résulte un individu qui déteste son travail mais se sent coupable aussitôt qu'il s'amuse. La moindre autocritique équivaut à un tir de roquettes. Le moindre apitoiement sur soi est un tir de mortier. Pendant que ces PPC se bousculent à une vitesse folle, nous sommes malheureux en tout. Nous espérons qu'en nous rangeant du bon côté nous finirons par trouver une certaine paix. Mais quoi que nous fassions, nous sommes toujours en lutte avec nous-même, sans cesse assailli par des adversaires qui agissent à notre insu. Cette triste situation psychique ne semble pas offrir d'issue jusqu'à ce que nous devenions en mesure de la voir sous son vrai jour. C'est alors que la victoire devient possible. Pour paraphraser Hui-Hai, la liberté vient enfin à l'esprit lorsque celui-ci «parvient au stade où les contraires sont vus comme des espaces vides». En d'autres termes, dans le contexte de notre étude, ces combats ont lieu entre une quelconque PPC et une quelconque image de soi. Il n'y a qu'une issue possible: le transfert.

Ainsi que nous l'explique Guy, nous devrions connaître un état de transfert permanent. Ou mieux, pour paraphraser le Christ: notre royaume n'est pas de ce monde. Mais au lieu de jouir de cette transcendance, nous sommes prisonnier de la guerre intime à laquelle se livrent nos pensées, nous en subissons sans répit les attaques et les contre-attaques. Il n'est pas essentiel que cette guerre continue. Lorsque nous prévoyons une attaque imminente, nous pouvons demander un transfert. Ce transfert spirituel a lieu lorsque nous détournons notre attention de nos pensées conflictuelles, que nous quittons le champ de bataille et que nous remettons l'issue de nos combats entre les mains d'une puissance supérieure. Nous savons que, tant que nous resterons attentif aux hurlements de guerre de nos pensées et que nous nous demanderons une trêve, la guerre ne prendra pas fin. Comment pourrions-nous obtenir un cessez-le-feu puisque nous sommes à la fois dans les deux camps? Lorsqu'une attaque est lancée et que nous en ressentons les effets, nous cherchons toujours un refuge dans notre univers intérieur. Pourtant, nous ne saurions l'y trouver. Nous ne trouverons de lieu sûr que si nous admettons que cette guerre n'a aucun sens et si nous demandons un transfert. Quand nous constatons la futilité de nos efforts et que nous fuyons le champ de bataille, nous pouvons accéder à quelque chose de vrai, à quelque chose depuis toujours au-dessus de nos conflits intérieurs.

Laissez vos ennuis où ils doivent être: derrière vous

La première étape d'une demande de transfert consiste à vouloir plus que tout une vie paisible. Nous savons que celle-ci nous sera refusée tant que nous resterons enfermés dans un bunker, que nous endurerons la violence qui s'y déroule et que nous appréhenderons le prochain bombardement.

Pourquoi ne pas agir au meilleur de nos intérêts lorsque nous prenons conscience de tout le mal que nous nous infligeons? Pourquoi ne pas nous enfuir? Nous persistons dans une attitude qui nous empêche de demander un transfert. D'une part, nous espérons encore en tirer quelque avantage, comme notre reporter de tout à l'heure qui rêvait de se voir attribuer le prix Pulitzer. Puis, nous continuons de croire à une victoire possible. Sinon, nous éprouvons tout de même une étrange satisfaction lorsque les coups de feu et les éclats d'obus, et notre haine de ceux-ci, nous donnent le sentiment d'exister, d'«être en vie». Dans ces moments d'émotion intense, certains de nos moi apprécient la fureur d'un combat qui nous remplit d'enthousiasme et nous procure un sentiment d'importance. Mais il y a une raison plus profonde à notre refus de demander un transfert: nous craignons en secret de ne trouver aucun refuge.

Voilà pourquoi il est si important pour nous de découvrir, par l'observation de soi, la vérité sur tous nos conflits intérieurs. Lorsque nous comprenons enfin combien ces mondes dévastés par la guerre sont sinistres, nous voulons les fuir à n'importe quel prix. Heureusement, nos tentatives de fuite seront *forcément* couronnées de succès. Voici pourquoi: l'univers hostile que nous voulons fuir n'est que l'univers factice du faux moi; chaque fois que nous parvenons à nous affranchir de sa vision des choses, notre transfert a lieu vers un univers où la guerre n'existe tout simplement pas. L'éveil et la sortie sont une seule et même chose, le geste de plonger en toute conscience dans le moment présent. En ce lieu, aucune «guerre» ne fait rage, aucun «moi» n'est en danger. En ce lieu n'existent que le calme et la sécurité du vrai. Quand nous nous détournons de nos combats intérieurs, nous entendons la voix supérieure qui nous guide, une voix parfaitement étrangère à la folie qui se déchaîne en nous. Tout le secours dont nous avons besoin existe dans le moment présent.

Nous devons faire l'effort sincère de demander un transfert en tout temps. Mais comment y parvenir si tout ce qui a lieu en nous et à l'extérieur de nous s'efforce de préserver le *statu quo*? Si nous acceptons de lutter pour demeurer conscient de nous-même, tous les indices qui nous entourent nous deviennent perceptibles. Chaque fois que nous souffrons, nous pouvons constater que cette souffrance est due à une guerre déclen-chée par une PPC. Nous étions convaincu jusqu'à présent de devoir nous jeter dans la mêlée. Mais *maintenant* nous savons qu'il ne sert à rien de nous identifier au faux moi qui se croit attaqué. Voilà ce que signifie demander un transfert : nous refusons de continuer à nous identifier à *ce* faux moi, ou à n'importe quel autre. Nous repoussons les pensées et les émotions qui nous ramènent toujours à notre triste point de départ. Nous en avons assez des éclats d'obus et des attaques-surprise. Nous voulons un transfert.

Sachez que, plus nous prenons conscience de l'impossibilité de gagner ces guerres, plus nous désirons un transfert. À mesure que ce souhait se renforce, il nous ramène de plus en plus souvent à la réalité. Ainsi, non seulement nous pensons à demander un transfert lorsque nous souffrons, mais même lorsque nous éprouvons du plaisir nous demeurons conscient du fait que la source de toute bonté est au-dessus de la mêlée, et que c'est *là* que nous voulons être. Peu importe où nous sommes, peu importe ce que nous faisons, nous aspirons à une sérénité permanente hors de la zone de combat, et cette aspiration suffit à nous rappeler que notre but premier consiste à demander un transfert.

Lorsque nous savons qu'un univers créé par un esprit confus est irréel, même si nous poursuivons nos activités quotidiennes, nous savons aussi qu'existe un univers supérieur qui est notre véritable univers. Nous sommes sur terre pour puiser des enseignements dans la vie, non pas pour nous jeter à notre insu dans la mêlée. Nous avons tous la possibilité d'en-trer en contact avec le vrai qui survole tous les champs de bataille. Nous saisissons cette occasion chaque fois que notre conscience nous dit : «Obtiens-moi un transfert.» Ensuite, si le transfert n'a pas lieu, nous devons nous pencher sur nous-même et découvrir ceux de nos moi qui refusent de nous voir partir. Peu importe. Le vrai l'emportera toujours tôt ou tard ; il suffit de repartir de zéro, de déposer une nouvelle demande de transfert. L'impatience peut nous gagner, mais nous ne subirons jamais de blessures tant que nous saurons que notre but premier consiste à fuir la zone de combat.

Pourquoi un point de vue plus élevé accroît votre bonheur

Demander un transfert ne signifie nullement que nous quittons physiquement les zones de combat de la terre ou que nous évitons les défis naturels de notre existence terrestre. Au contraire : comme le commandent les premiers vers d'un de mes poèmes favoris de Guy :

> Tombons au champ d'honneur,
> Évitons la déroute.
> L'ennemi nous fait face,
> Accomplissons notre devoir.

Demander à être transféré loin de nos ennuis signifie apprendre à *nous servir d'eux* plutôt que les laisser *se servir de nous*. Nous découvrons comment transcender notre psychisme actuel. Nous continuons à faire face aux nombreuses vicissitudes de l'existence, mais nous ne leur permettons plus de nous affecter négativement, car nous ne les voyons plus du même œil. Pour illustrer ces propos, Guy nous a raconté une autre de ses merveilleuses histoires, l'histoire fantasque du « Valeureux bélier Michel ».

Le Valeureux bélier Michel était membre d'un troupeau de moutons et de brebis qui habitaient les flancs très inhospitaliers d'une montagne. La plupart des bêtes étaient malheureuses. En sachant comment elles vivaient, on ne pouvait que leur donner raison. Chaque jour, en fin d'après-midi, des nuées de mouches noires s'abattaient sur les moutons et les tourmentaient, poussant ainsi les bêtes exaspérées à se quereller. Puis, chaque matin, les moutons se tiraient d'un sommeil agité et se laissaient gagner par la terreur : dès l'aube, des couguars les traquaient. Encore une fois, la peur les poussait à s'attaquer les uns aux autres. Ils se bousculaient sans répit dans leur tentative désespérée pour trouver un abri sûr, accroissant ainsi leurs malheurs.

Ces moutons ressemblaient par bien des côtés à des humains malheureux. Nous aussi souffrons de choses qui semblent échapper à notre contrôle et, pour apaiser nos tourments, nous devenons agressif envers les autres ou nous nous replions sur nous-même. Notre attention reste captive de nos difficultés et de nos malaises. Bientôt, nous devenons aveugle à tout, sauf au problème qui nous préoccupe et auquel notre désespoir nous empêche de trouver une solution. Nous subissons notre dilemme selon ses termes, comme s'il était inévitable, et nous ne nous rendons nullement compte que nous possédons le pouvoir de nous en affranchir en tout temps. Constater que notre étroitesse de vues perpétue notre malheur n'est pas une preuve de défaitisme. Ce qui l'est, c'est de persister à trouver des raisons d'être malheureux. Ne connaissons-nous pas tous des hommes et des femmes pareils à ces brebis, à ces béliers chamailleurs et mesquins ? Ils trébuchent à la moindre difficulté et projettent ensuite leur mauvaise humeur sur leur entourage.

Un jeune bélier et une petite brebis du troupeau doutèrent un jour de la nécessité de vivre de cette façon. Ils refusèrent de se plier un jour de plus à de telles circonstances et se demandèrent s'il n'y avait pas pour eux une autre vie possible. Le bélier et la brebis discutèrent longuement et observèrent le comportement des autres moutons dans le but de mieux comprendre ce qui leur arrivait.

Un jour, ils firent une remarquable découverte. Ils constatèrent qu'un bélier âgé – appelons-le Michel – ne se chamaillait jamais avec les autres. Contrairement au reste du troupeau qui s'inquiétait de tout et de rien, il demeurait imperturbable. Jamais il ne s'irritait. Sa vie était manifestement bien différente de celle de tous les autres !

Certains que le Valeureux bélier Michel pourrait leur transmettre sa sagesse, le jeune bélier et la petite brebis l'abordèrent et lui demandèrent de leur livrer son secret. Michel fit oui de sa belle tête surmontée de cornes. Depuis tant d'années qu'il partageait la vie du troupeau, on ne lui avait encore jamais adressé une telle demande. Il déclara que les autres moutons souffraient sans même s'en rendre compte, et que la souffrance inconsciente n'a pas de fin. Il ajouta que le seul moyen de s'affranchir d'un tel tourment pour vivre libre consiste à douter de la nécessité du moindre désagrément. Michel promit enfin de révéler le lendemain aux deux jeunes les raisons qui le rendaient si imperméable à tout ce qui irritait les autres moutons.

Le jeune bélier et la petite brebis attendirent impatiemment l'arrivée du jour suivant. Vers seize heures, au moment où les escadrons de mouches noires commençaient leurs ravages, Michel précéda les jeunes moutons dans une crevasse dissimulée au flanc de la montagne, jusqu'à une saillie dont ils avaient à ce jour ignoré l'existence. Parvenu à cet endroit, il leur montra comment se glisser entre deux parois verticales formant un corridor que les insectes évitaient en raison du vent qui s'y s'engouffrait. Le trio d'amis passa le reste de l'après-midi à brouter l'herbe fraîche et à se chauffer au soleil. À dix-huit heures trente, quand les mouches eurent disparu, Michel ramena le bélier et la brebis vers le troupeau.

Le lendemain matin, Michel leur enseigna une autre leçon importante. Les couguars étaient à l'affût, les moutons, nerveux et terrifiés. Mais le jeune bélier et la petite brebis aperçurent Michel, dressé sur un faîte d'où son regard embrassait les pacages des alentours. Sur ces hauteurs où il dominait tout, rien ne pouvait le surprendre. En additionnant ce qu'ils savaient des mouches et des couguars, le jeune bélier et la petite brebis comprirent la nature du secret de Michel. Il n'était pas nécessaire de souffrir. Tout était question de lieu. Le lieu où choisissait de s'installer un bélier affectait sa qualité de vie.

Installez-vous là où la liberté saura vous trouver

Un refuge intérieur est à notre disposition. Si nous choisissons ce lieu, aucun sentiment noir ne saurait nous y atteindre. Il existe depuis toujours, attendant que nous le trouvions. C'est la résidence du vrai moi. Mais nous avons toujours cru à tort que seules deux options nous sont offertes : supporter les ennuis qui n'ont de cesse de nous faire souffrir, ou fuir nos problèmes et souffrir. Nous avons toujours prêté une oreille attentive aux bêlements terrifiés de nos béliers intérieurs : « endure tes souffrances », « trouve une façon de les apaiser », « déteste ce qui te fait du mal ».

Tant que nous réagirons ainsi à la souffrance, tant que nous la croirons inévitable, *elle* dominera notre vie. Mais il y a une porte de sortie. Il suffit de modifier notre façon de penser pour permettre à un bon esprit de pénétrer en nous et de nous réorienter. Au début, nous comprenons peu à peu que notre situation nous est devenue intolérable. Quand nous en avons enfin assez de la subir, nous cherchons une autre solution. C'est alors que notre guide nous conduit dans un autre lieu ; celui-ci nous confère un point de vue différent et nous protège des mouches noires et des couguars que sont nos propres pensées négatives. Lorsque nous nous réfugions entre les hautes parois que sont la connaissance de soi et la volonté de nous hisser au-dessus des mesquineries de l'existence, nos pensées défaitistes ne peuvent plus nous atteindre.

Une étape cruciale dans ce déménagement consiste à identifier et à définir le rôle que nous voulons jouer sur terre, car notre situation dans la vie est étroitement liée à ce que nous croyons être notre rôle dans l'existence. Lorsque, comme les moutons, nous ne vivons que pour nous nourrir, avoir une vie sociale et une vie affective, ou exercer un certain pouvoir, nous occupons le lieu de ces objectifs, c'est-à-dire le cœur de la bataille. Ces objectifs insensés provoquent les attaques qui nous font souffrir, et leur permettent de perdurer. Lorsque nous nous fixons comme but à atteindre la vie supérieure qui nous est dévolue, notre attention se porte au-delà du troupeau terrifié, notre regard se dresse vers les hautes falaises et le ciel. Notre quête se voit ainsi récompensée, car nous occupons un emplacement sécuritaire. Ici, nous pouvons nous libérer des tourments, retrouver notre dynamisme et raviver nos aspirations.

> Si vous faites preuve de compréhension, celle-ci vous sera utile sur la route, comme à un dragon dans l'eau, comme à un tigre dans la montagne. Si vous ne comprenez pas, la vérité terrestre prévaudra, et vous serez comme le bélier prisonnier d'une clôture, comme l'idiot qui surveille une souche et attend que surgisse un lapin.
>
> YUAN-WU

Voyons ce que tout cela signifie sur le plan psychologique. À quoi ressemble notre vie quotidienne ? La description qui suit lui correspond-elle ?

Libérez-vous de tous les faux maîtres

Chaque jour, quelqu'un frappe à la porte de notre psychisme. Lorsque nous ouvrons, on nous bouscule et on nous lance des ordres : « Inquiète-toi de ceci ! » « Souviens-toi de cela et éprouves-en des regrets ! » « Pousse la pédale à fond afin que personne ne te dépasse ! » « Travaille, travaille, travaille ! »

Il n'y a pas de quoi nous étonner, ensuite, si nous n'éprouvons que des sentiments fugaces d'amour et de tendresse, et si nous ne parvenons pas à nous détendre. Un maître s'impose à nous, et nous nous soumettons à son autorité sans jamais la remettre en question. Une voix se fait entendre (une PPC surgit) et nous ordonne d'être défaitiste. Nous lui obéissons à notre insu. Nous pensons être nous-même responsable de notre réaction et croyons que cette réaction est tout à fait justifiée. Nous avons été conditionné à accepter ces états d'esprit autodestructeurs comme s'ils allaient de soi. En même temps, un autre aspect de nous les déteste et croit aussi qu'une telle haine est naturelle. Mais une sagesse accrue nous enseignerait que ni le défaitisme ni la haine que nous lui témoignons ne sont naturels, et que rien ne nous oblige à les subir un jour de plus. Lorsque nous acquérons une meilleure connaissance de nous-même, nous pouvons reprendre le contrôle de notre vie et ne plus jamais être contraint d'obéir à ces sinistres voix intérieures.

Le moment est venu pour nous de reprendre possession de notre vie. Si nous n'y parvenons pas, quelqu'un viendra encore et encore frapper à notre porte intérieure ; nous nous plierons à la volonté du maître qui dictera notre conduite. Il est vrai que, parfois, l'importun nous offre une gâterie (une pensée heureuse) et que nous en éprouvons une satisfaction temporaire. Mais pour chaque gâterie qu'elle nous offre, la PPC nous souffle des directives douloureuses. Nous pouvons dès maintenant reconnaître les faux maîtres qu'elle représente, et au lieu d'inventer des façons de les tolérer, *nous pouvons contester leur droit à l'existence*. Nul ne saurait être le serviteur de deux maîtres. Lorsque nous admettons la présence d'un faux maître, nous ouvrons la porte au vrai moi.

Reprenez possession de votre vie

Il nous est possible de réduire à néant l'autorité de ces voix intérieures. Lorsque nous constatons l'émergence d'un noir état d'âme, réveillons-nous et posons-lui intérieurement la question suivante : « Sur quoi se fonde ton autorité ? » Notre aptitude à contester consciemment ces importuns s'accroît à mesure que nos objectifs se clarifient. Notre volonté supérieure d'affranchissement nous conduit vers les hauteurs et, de ce point d'observation avantageux, nous voyons approcher le défaitisme avant même qu'il nous terrasse. Avec le temps et l'expérience, nous devenons sans cesse plus habile à reconnaître les conditions propices à l'émergence des PPC. Puisque nous savons maintenant qu'elles n'ont aucune existence propre et qu'elles viendront à passer si nous ne leur transmettons pas notre énergie vitale, la liberté se trouve toujours à notre portée.

Quelle belle façon de voir la vie ! Jusqu'à présent, personne ne nous avait dit que nos souffrances psychologiques et émotionnelles n'avaient aucun pouvoir sur nous. En fait, on nous avait toujours assuré du contraire. Mais maintenant, depuis que nous avons redéfini notre rôle dans l'existence, nous ne trouvons aucun intérêt à une vie que le défaitisme peut bouleverser à tout moment en nous dictant la conduite à suivre. Nous constatons qu'il est temps pour nous d'accéder à un lieu plus élevé et plus avantageux.

Si un homme empruntait chaque jour le même chemin en sachant que, chaque fois, il y est victime d'un accident, ne serait-il pas bien avisé de modifier son itinéraire ? Il serait logique qu'il voie le lien entre la route qu'il emprunte et les accidents dont il est victime, et qu'il choisisse un nouveau parcours. Nous aussi devons nous efforcer de comprendre le lien qui rattache le lieu où nous nous trouvons et les accidents psychologiques dont nous sommes victime. Nous devons prendre la ferme décision de ne plus souffrir à notre insu. Cela signifie que, la prochaine fois qu'un escadron de mouches noires attaquera et que les couguars de la pensée négative se mettront à l'affût, au lieu d'accepter les conditions que nous pose une telle situation, nous chercherons un refuge sur les hauteurs de notre vie intérieure. Nous nous fixerons comme objectif de dénicher le refuge qui nous mettra à l'abri de nos pensées autopunitives.

Il ne faut pas perdre courage même si nous échouons parfois. Nous avons été conditionné à vivre au beau milieu du troupeau, où nous connaissons des plaisirs occasionnels et subissons des ennuis constants. Nous nous sommes habitués à cette existence. C'est là *un* des aspects de notre nature. *Mais la nature du Valeureux bélier Michel est aussi la nôtre.* Un véritable maître habite en chacun de nous, un maître qui repousse nos funestes états d'âme avec ardeur comme n'importe quel être sensé refuse de se jeter au fond d'un ravin. Nous pouvons en appeler à ce maître véritable en l'invitant à nous insuffler son courage. Tout ce qui vise à nous libérer et à découvrir qui nous sommes réellement est bienfaisant. En d'autres termes, si nous voulons vraiment nous libérer de nos tourments, nous pouvons y parvenir !

Chaque fois que nous nous fixons un but supérieur, nous redéfinissons notre position et nous envisageons la vie d'un tout autre œil. Chaque nouvelle connaissance nous procure un peu plus du courage nécessaire pour reprendre notre vie en main. Chaque jour nous donne une occasion nouvelle de comprendre que *ce n'est pas parce qu'une chose nous envahit qu'elle en acquiert plus de pouvoir sur nous.* Nous comprenons enfin que nos idées fausses et nos attentes nous jetaient dans la mêlée, là où la souffrance nous paraissait inévitable. Mais le nouvel emplacement que nous occupons nous prouve l'irréalité de tout cela. Nous pouvons contester l'autorité du faux maître qui s'efforce de nous dominer. Nous pouvons lui dire : « Je ne veux plus jamais vivre en ta présence. » Tout changera.

Le pouvoir de la persistance

Pour reprendre possession de notre vie, nous devons nous montrer ferme et persister. Après tout, ne sommes-nous pas en train d'apprendre à percer à jour des années et des années de défaitisme ? Plus nous nous familiarisons avec les fausses puissances qui ont jusqu'ici dominé notre vie, plus nous découvrons en nous-même des aspects bouleversants. Ces découvertes nous donnent l'impression de régresser au lieu d'avancer. Mais en réalité, *toutes* nos découvertes contribuent à notre bien-être. Nous ne faisons que commencer à comprendre que nous faisions fausse route. Cet éclairement est le premier pas vers une renaissance intérieure.

De nombreux maîtres spirituels nous mettent en garde contre le découragement. On nous enjoint à affronter les rigueurs de notre voyage intérieur avec bonne humeur. Vernon Howard nous dit que nous devons parfois frapper dix mille fois à la porte du vrai avant qu'elle ne s'ouvre. Mais *elle s'ouvrira tôt ou tard*, et nos efforts seront récompensés au centuple.

Guy raconte l'histoire d'un homme qui entend une rumeur voulant que la montagne regorge d'or. Il se lance à la recherche du précieux métal. Mais après n'en avoir découvert que trois minuscules pépites lors d'interminables prospections, il déclare que la montagne ne recèle pas d'or et il renonce à sa quête. Contrairement à cet homme, nous devrions nous réjouir d'avoir découvert trois pépites et y puiser l'encouragement nécessaire à la poursuite de nos efforts. Si nous nous décourageons, c'est parce que nous ignorons la valeur de l'or spirituel. Mais une seule pépite combinée à une autre forme un tout plus vaste que la somme de ses parties. En unissant deux vérités spirituelles, nous en récoltons une conscience accrue beaucoup plus puissante que chacune de ces vérités prises séparément, une conscience qui facilitera notre cheminement.

Par exemple, un jour, vous lisez une parabole où il est dit que, pour qu'une graine produise une plante, elle doit tomber sur le sol et mourir à son ancienne vie. Un autre jour, vous prenez une fausse PPC sur le fait au moment où elle s'apprête à prendre le dessus. Votre état de veille la met en échec. Bien que vous soyez convaincu d'être dans la bonne voie, vous ressentez un sentiment de perte, car quelque chose de familier vous quitte. Si vous vous remémorez alors la parabole de la graine, vous comprenez mieux le sens de la mort du faux moi et la façon dont cette mort provoque la naissance de votre véritable nature. La révélation qui vous est ainsi donnée transforme votre vision des choses et votre vision de vous-même. La combinaison de deux vérités toutes simples vous a ouvert un monde nouveau. Aucun de nous ne sait combien d'or spirituel nous ont valu nos efforts sincères. Nous ne savons pas davantage à quel moment ces pépites uniront leurs forces. Nous devons poursuivre patiemment notre travail dans la certitude que le triomphe de soi auquel nous aspirons est aussi inévitable que l'est la permanence de notre captivité si nous ne changeons pas.

La fermeté et la persistance sont d'immenses sources de courage. Notre désir fervent et constant de comprendre les principes supérieurs décrits dans ce chapitre suscitera la révélation qui nous conduira vers notre refuge sur les hauteurs. Notre persistance à tenter de découvrir le vrai nous permettra enfin de harnacher l'énergie de l'univers. Grâce à cette énergie, nous reprendrons possession de notre vie.

Résumé

À partir de ce moment, refusez consciemment
qu'un trouble obscur dirige votre vie. Tenez bon jusqu'à
ce que ses exigences s'épuisent. Les états négatifs
n'ont pas de vie réelle, de sorte que, si vous retirez
consciemment votre vie de la leur, vous ordonnez à
leur sombre présence de disparaître.

— Guy Finley, *Les clés pour lâcher prise*

Chapitre huit

Élargissez votre univers par l'approfondissement de soi

> Qui peut faire d'une eau trouble une eau limpide ?
> Si on n'y touche pas, elle se purifiera peu à peu d'elle-même.
>
> LAO-TSEU

Les vagues se brisaient doucement sur le sable et, dans des lueurs de lune, recouvraient la plage de reflets argentés. Les deux jeunes couples marchaient en silence tandis que l'écume venait caresser leurs pieds avant de retourner à la mer. Une soirée parfaite.

Tout à coup, une des jeunes femmes pointa son index vers le ciel étoilé et dit : « Regardez, une étoile filante ! »

Ils levèrent la tête à l'unisson, mais il était trop tard. Le ciel scintillant d'étoiles était redevenu lisse.

L'époux de la jeune femme se montra particulièrement agité.

— Je ne comprends pas, fit-il. Tu as *tellement* de chance. J'espère toujours voir une étoile filante, mais je n'y parviens *jamais*. Toi, tu en vois *tout le temps*. *Pourquoi* ?

La jeune femme haussa les épaules et sourit d'un air enjoué.

— Je ne sais pas, dit-elle. Peut-être est-ce parce que je les cherche sans cesse.

Cette courte histoire offre une leçon en apparence très simple, mais riche d'un enseignement profond. Pour commencer, sachons qu'il est impossible à quiconque de trouver ce qu'il ne cherche pas. Rien de plus évident. Mais examinons cette idée sous un angle légèrement différent qui en accroîtra la profondeur. Ce que nous parvenons à « trouver » dans la vie, en d'autres termes, ce qui emplit notre vie à tout instant, dépend toujours de ce qui capte notre *attention*.

Revenons à notre histoire. Qu'est-ce qui captait l'attention des trois compagnons de la jeune femme au moment où celle-ci a eu la *chance* d'apercevoir une étoile filante ?

L'un des hommes réfléchissait à un marché d'affaires qu'il s'apprêtait à conclure et s'efforçait de décider si oui ou non il ferait tel appel téléphonique en rentrant en ville le lundi matin. Le second jeune homme songeait à une dispute qui l'avait opposé à son père quelques jours plus tôt, et s'irritait de ce que ce dernier ne semblait pas se rendre compte qu'il était maintenant un homme adulte et un père de famille. L'autre jeune femme, qui allait bientôt emménager dans sa nouvelle maison, s'occupait mentalement de décoration intérieure !

En vérité, chacun était captif à son insu de son propre petit monde, si bien qu'aucun d'eux n'avait vraiment conscience du lieu où il se trouvait. Ils ne voyaient pas la beauté du ciel nocturne ; ils n'étaient pas sensibles à la force de l'océan, ni à sa respiration paisible de bête au repos ; ils étaient assez peu conscients de la présence de leurs compagnons. Il ne leur était pas possible de l'être. Car bien que leur corps ait été occupé à marcher ce soir-là au bord de la mer leur attention était ailleurs, très loin, dans un tout autre espace-temps.

C'est le cas pour la plupart des gens.

Convaincus que le petit monde de leurs pensées est unique – et qu'aucune autre possibilité ne leur est offerte –, ils passent la majeure partie de leur vie terrestre à se laisser ballotter entre leurs souvenirs du passé et leurs espoirs pour l'avenir. La « réalité » de leur petit univers intérieur n'est jamais remise en question, car ce petit monde est rempli d'émotions qui se mordent secrètement la queue : la peur, la tristesse, la colère, un faux enthousiasme, bref, des émotions fortes – mais vides – qui leur font connaître des hauts et des bas, mais ne les conduisent jamais nulle part. Tout ce qui peut se produire est un rétrécissement de la trajectoire de leur existence. Plus leur petit monde rapetisse, ce qui est inévitable, plus ils sont malheureux. Dans cette inconscience, ces hommes et ces femmes ne comprennent pas que la tristesse et l'anxiété qui les étreignent appartiennent *uniquement* au monde restreint qui est le leur, et à rien d'autre.

Revenons à notre héroïne. Comment se fait-il qu'elle ait aperçu cette étoile filante au moment même où celle-ci fendait le ciel ? Elle avait toujours senti l'appel d'un univers plus vaste. Pressentant qu'elle était seule responsable de son enfermement dans la prison de ses pensées, elle s'était efforcée, pendant plusieurs années, de s'en libérer. Ce soir-là, en fait, elle avait eu plusieurs fois envie de replonger en elle-même et de se laisser happer par l'inquiétude à l'égard de sa situation financière ; par son envie d'une nouvelle paire de chaussures ; par son désir d'avoir un enfant. Mais, refusant de se laisser entraîner dans cet univers fermé, elle était demeurée sur ses gardes et s'était toujours reprise à temps. Elle avait fait en sorte de toujours demeurer consciente de la plage où elle se promenait, du bruit des vagues et de la fraîcheur du sable sous ses pieds, bref, du *moment présent*. C'est précisément à l'un de ces moments qu'elle leva les yeux et aperçut l'étoile filante : un cadeau que lui offrait le vrai pour avoir cherché à se hisser en pensée au-dessus d'elle-même.

Cette étoile filante ne fut pas la seule récompense qu'elle reçut ce soir-là. Peu de temps après, tandis qu'elle était étendue dans son lit, un autre éclair traversa sa conscience, une perception intime de sa nature véritable. Tandis qu'elle se laissait bercer par sa respiration paisible, elle comprit que la même force qui déplaçait sans fin les vagues de l'océan s'exprimait dans le mouvement de sa poitrine. L'espace d'un instant, elle *sut* qu'elle faisait elle-même partie d'une source suprême d'énergie. Cette prise de conscience illumina tout son être. Quand elle s'éveilla le lendemain matin, elle eut le pressentiment que sa vie ne serait plus jamais la même.

Fin de notre petite histoire. Par une belle soirée d'été, quatre amis s'étaient promenés sur une plage déserte. Pour trois d'entre eux, rien de remarquable ne s'était produit, et leur petit monde s'était resserré un peu plus autour d'eux. La quatrième personne fit un pas de plus hors d'elle-même en direction du vrai et de la liberté. Elle avait livré un bref combat avec son ennemi intime et avait remporté la première d'une longue série de victoires intemporelles.

Nous pouvons faire des expériences beaucoup plus vastes que celles que nous propose le monde limité de nos pensées et de nos sens. Partout, le message du vrai nous est offert comme une étoile filante pour nous guider hors de nous-même et de l'isolement que nous nous imposons. Lorsqu'un individu répond à cet appel, qu'il se laisse emporter par lui, il entreprend un merveilleux processus de transformation intérieure et abat les murailles qui le tiennent prisonnier. Puisque vous êtes en train de lire ce livre, vous avez sans doute déjà ressenti cet appel. Vous devinez que vous êtes prisonnier de votre monde intérieur et vous souhaitez faire l'expérience de cette vie en expansion à laquelle vous avez droit.

Mais comment parvient-on à une telle libération ? Les leçons et les exercices qui vous sont proposés dans ce livre sont notre plan secret d'évasion. Ils sont conçus pour nous aider à nous dégager de notre ennemi intime. La clé de ce processus se trouve dans l'approfondissement de soi.

« Connais-toi toi-même » est sans doute l'enseignement spirituel le plus ancien, le plus sage, le plus important et le plus succinct qui nous ait été donné. En fait, *il est dans la nature de l'être humain de se connaître*. À des degrés divers, nous entrons tous dans la vie avec le désir de rechercher et de découvrir notre essence. Toutefois, dès notre premier souffle, cette aspiration est détournée de son objet. Notre volonté de trouver des réponses est relogée à l'extérieur de nous-même. Si bien que, au lieu de rechercher « la perle de grand prix » qui gît en nous, nous recherchons des gens, des lieux et des objets qui, nous l'espérons, sauront nous révéler notre vraie nature. Pourtant, aucune acquisition matérielle ni aucun des sentiments d'accomplissement qui en découlent ne peuvent nous procurer la plénitude intérieure, la sérénité permanente auxquelles nous aspirons, tout simplement parce que ce monde extérieur est instable. Voilà pourquoi, si nous voulons découvrir qui nous sommes, nous n'avons d'autre choix que l'approfondissement de soi.

L'approfondissement de soi consiste à découvrir qui nous sommes _réellement_. C'est le seul moyen à notre disposition pour nous familiariser avec notre moi pensant et ses nombreuses PPC. Comme le jeune prince dont nous avons fait la connaissance dans le chapitre 6, celui qui a su éviter de monter dans le mauvais carrosse, l'approfondissement de soi nous donne le courage de ne pas suivre aveuglément les PPC qui cherchent à nous entraîner dans leur sillage. Qui plus est, l'approfondissement de soi nous permet de prêter attention et d'obéir à une toute petite voix intérieure qui non seulement réoriente notre vie, mais nous aide à faire en cours de route de bien plus heureuses expériences.

Comment pratique-t-on l'approfondissement de soi? Que faire pour qu'il se révèle une expérience positive?

Découvrez votre moi supérieur par l'approfondissement de soi

Commençons par dire ce que l'approfondissement de soi _n'est pas_. Bien que l'approfondissement de soi puisse inclure la lecture de certains ouvrages de développement personnel, l'assistance à des conférences sur la transformation de soi, ces moyens formateurs et stimulants ne constituent que des exercices préparatoires. Ils ont leur place. Après tout, si vous vous apprêtez à escalader une montagne, vous sollicitez les conseils d'experts quant au meilleur équipement à utiliser et vous tenez compte de l'expérience de ceux qui ont escaladé cette montagne avant vous. Leurs erreurs passées vous en éviteront sûrement! Du moins, est-ce l'opinion générale. Mais tous ces enseignements et ces conseils ne vous rapprocheront pas le moins du monde du sommet. Il n'y a qu'une façon pour vous de parvenir là-haut: c'est de grimper _vous-même_.

De la même façon, l'approfondissement de soi est un travail personnel, une entreprise individuelle de tout aspirant sincère. L'approfondissement de soi, qui est beaucoup plus complexe et beaucoup plus rigoureux que l'ascension d'une montagne, exige de nous ce qui suit:

1. Nous observer en toute sincérité le plus souvent possible pendant la journée pour parvenir à déceler ce qui oriente *véritablement* notre vie dans ces moments-là.

2. Exprimer, à chaque instant de notre existence, la volonté de *comprendre* ce qui nous anime et non pas tenter de lui trouver une *justification*.

3. Trouver en nous-même un nouveau centre de gravité : celui où nous aspirons surtout à déceler les vérités de notre existence quotidienne qui sont aptes à opérer notre transformation, au lieu de nous efforcer d'apporter des explications à nos expériences afin de préserver ce qui nous semble authentique.

4. Pénétrer lentement mais sûrement *dans* des situations qui nous forcent à relever des défis au lieu de les éviter, simplement pour voir si nos appréhensions psychologiques nous montrent *jamais* le droit chemin.

5. Accepter de nous détacher du point de vue des PPC et constater qu'il est plus étroit que nous l'avions d'abord cru.

6. Suspendre nos réactions défaitistes tout juste assez longtemps pour en savoir plus long sur leur origine *intérieure* au lieu de nous hâter de redresser les causes extérieures qu'elles accusent de tous les torts.

Pour un néophyte, ces lignes directrices peuvent sembler relativement faciles. En fait, pour un homme ou une femme à la conscience en éveil, il est tout aussi facile de les observer spirituellement qu'il est facile de respirer physiquement. Mais ici, nous nous retrouvons devant une découverte intéressante.

La plupart des gens pensent que s'ils sont éveillés physiquement ils sont aussi éveillés psychiquement. Sans doute avouent-ils ne pas être très alertes avant d'avoir bu leur premier café, mais ils croient être tout à fait conscients le reste du temps. Ce n'est pas le cas ! Notre cerveau nous ment. Voici comment. Dès qu'on nous signale que nous n'avons pas conscience de nous-même, une PPC fait irruption, nous éveille momentanément et nous convainc que nous sommes toujours éveillé. Mais cette conscience de soi ne dure qu'un instant, et elle prend fin avec le défi provisoire qui l'a engendrée.

Si, par exemple, en cet instant précis, on vous demandait : « Êtes-vous pleinement conscient de vous-même ? » vous le deviendriez sur-le-champ et vous croiriez l'être depuis toujours. Mais vous ne l'étiez pas ; dans quelques instants, vous oublierez ce moment d'acuité et vous redeviendrez distrait. Nous serions bien avisés de réfléchir aux mots de Goethe, qui nous renouvellent la mémoire et nous mettent en garde : « Nul n'est plus désespérément esclave que celui qui croit à tort qu'il est libre. »

Voici un autre point important. Personne ne s'engage dans l'approfondissement de soi en excellent élève. En fait, *l'approfondissement de soi commence par la prise de conscience de notre sommeil psychique*. Ne vous laissez pas rebuter par cette constatation. C'est une preuve de sagesse que de se rendre compte que nous n'étions pas vraiment sage, car c'est ainsi que nous accédons à la sagesse *véritable* et que nous permettons à la vraie connaissance de soi de se développer. Cela explique pourquoi nos premières leçons importantes nous sont données quand nous nous contraignons à certains exercices et que nous constatons plus tard avoir tout oublié : par exemple, lorsque nous sommes choqué d'apprendre que, tout en nous étant promis de rester à l'affût de certaines réactions défaitistes, nous avons succombé à notre insu à ces réactions pendant plusieurs heures, voire plusieurs jours. Ou bien, nous avions décidé de nous livrer à un petit exercice de conscience de soi au travail, quelque chose de simple comme le fait de maîtriser l'expression de notre visage en présence de certaines personnes. Et voici que, revenu à la maison, confortablement installé dans notre fauteuil, nous nous rappelons avoir rencontré ce jour-là des douzaines de personnes sans avoir songé le moins du monde à faire l'exercice que nous nous étions imposé !

Petit à petit, un jour à la fois, nous comprenons que nous sommes le plus souvent perdu dans le brouillard de nos pensées. En même temps que l'approfondissement de soi nous fait prendre conscience de ce brouillard intérieur, notre état intérieur nous est révélé sous un tout autre jour ; nous comprenons enfin que les actes cruels ou autodestructeurs auxquels nous

nous sommes livré étaient dus à ce même état d'hypnose. Nous commençons à voir clairement que, dans notre sommeil psychique, nos PPC ont établi nos priorités, ces PPC égoïstes qui ne nous ont procuré que de la frustration ou, au mieux, des joies provisoires. Qui plus est, nous en venons à comprendre qu'un univers plus vaste nous ouvrira ses portes du moment que, pour y accéder, nous resterons éveillé suffisamment longtemps pour abandonner derrière nous l'univers restreint de nos pensées.

Nous devons voir un important indice dans le fait de constater que nous sommes sans cesse perdu dans nos pensées. Cela ressemble à un diagnostic médical, le premier pas vers la guérison. Aucune des découvertes que nous faisons grâce à l'approfondissement de soi ne doit nous décourager. En devenant conscient de notre sommeil psychique, nous commençons à nous réveiller vraiment. Si l'approfondissement de soi est pour nous une priorité, nous n'échouons jamais, nous sommes toujours mis en face de nouvelles occasions de grandir. Plus nous prenons conscience de notre participation à l'élaboration des obstacles que nous rencontrons pendant notre sommeil psychique, plus nous sommes porté à nous explorer davantage et à fournir un effort supplémentaire. Lorsque nous exprimons souvent et sincèrement un tel désir intérieur, le vrai intervient pour en faciliter la concrétisation. C'est sûrement cela que voulait en partie exprimer Thomas Carlyle lorsqu'il écrivit : « Ô vous qui subissez le joug de l'Actuel et qui suppliez amèrement les dieux de vous concéder un royaume où gouverner et créer, écoutez cette vérité : ce que vous cherchez existe déjà, « ici ou nulle part", il vous suffit d'ouvrir les yeux. »

Les avantages réels et nouveaux de l'approfondissement de soi

Souvent, lorsque nous nous engageons dans l'approfondissement de soi, nous entretenons à ce sujet des attentes irréalistes ou carrément erronées. Le désir inconscient qui prévaut à ce stade est celui de devenir une personne plus « mûre », alors que nous devrions souhaiter devenir une personne « différente ».

Nous nous imaginons sans doute capable d'affronter sans peine toutes les situations déplaisantes auxquelles nous aurons à faire face ; ou nous croyons qu'une plus grande connaissance de nous-même nous permettra de mieux contrôler notre entourage ou de ne pas nous laisser bouleverser par les agissements d'autrui. Nous espérons ou nous croyons que cette auto-domination nous vaudra des cadeaux du ciel : argent, relations affectives, bonne fortune. Qui plus est, nous sommes persuadé que notre bonheur futur dépend de tels bienfaits. Mais ces conditions extérieures peuvent-elles vraiment nous procurer la plénitude ? Non. Si vous portez attention à ce qui suit, vous y découvrirez le chemin qui conduit à des plans toujours plus élevés de liberté intérieure : lorsque ces désirs se réalisent, ils ne suffisent jamais à repousser les confins du petit monde de *nos pensées*. Au contraire, ce sont des pièges qui contribuent à resserrer l'emprise du moi pensant, qui croit si fermement à son propre pouvoir. Si nous nous engageons dans un travail spirituel pour des raisons égoïstes, nous demeurons dans notre univers minuscule et nous recherchons *ses* buts. La seule évasion possible réside dans l'approfondissement de soi, et cet approfondissement nous enseigne en premier lieu que le fait de céder notre vie durant aux caprices des PPC ne nous rendra jamais heureux.

Les personnes qui s'engagent dans l'approfondissement de soi avec des attentes irréalistes se découragent très vite si celles-ci ne sont pas satisfaites. Elles affirment ensuite que les récompenses de l'approfondissement de soi ne sont pas à la hauteur de l'effort fourni, car ces récompenses ne correspondent pas à l'idée qu'elles s'en font. Puisqu'elles recherchent une autosatisfaction calquée sur leur conception surannée du bonheur, elles ne pénètrent jamais dans le royaume de l'approfondissement de soi. Malheureusement, elles ferment à leur insu la porte sur l'univers qui les aurait rendu heureuses au-delà de toutes leurs espérances. Ce qui nous amène à un paradoxe étonnant dressé sur le chemin de l'approfondissement de soi.

Guy nous dit que le but de cette enquête intérieure *n'est pas* l'autosa-tisfaction, et certainement pas l'autosatisfaction qui découle d'une image surfaite de soi, celle d'une personne qui aspire à une vie meilleure. L'objec-tif véritable de l'approfondissement est d'inviter le bien à pénétrer en nous afin qu'il nous procure l'inébranlable bonté que nous ne pouvions jusque-là nous donner à nous-même.

L'approfondissement de soi ne nous sera bénéfique que si nous nous en servons comme d'un instrument de *connaissance de soi,* et que nous n'y voyons pas une tentative inefficace d'autocréation. L'approfondissement de soi ne vise pas à confirmer ce qui a été, mais bien à nous ouvrir à *ce qui est* et à *ce qui nous sera toujours inconnu.* Il sert à illuminer le petit monde de notre fausse nature qui nous a toujours gardé prisonnier, et à permettre à nos nouvelles connaissances d'ouvrir toute grande la porte de l'univers plus vaste auquel nous avons droit.

La véritable connaissance de soi nous donne accès aux trésors véritables de la vie

En matière d'études spirituelles, il est possible de réussir à tous les examens et d'échouer en bout de ligne ! Qu'est-ce que cela signifie ?

Une volonté concertée d'accéder à une connaissance de soi supérieure *peut* améliorer nos comportements. Nous *pouvons* apprendre à mieux dominer les événements de notre vie en acquérant une meilleure perception de nos motivations et des motivations d'autrui. Ainsi, nous réussissons brillamment à tous les examens, nous développons une plus grande confiance en nous-même, et nous nous laissons moins troubler par les vicissitudes de l'existence. Mais à moins de transcender ces changements superficiels, à moins de vaincre réellement notre ennemi intime, ces améliorations ne sont guère plus qu'une épuration d'images existantes, une accumulation supplémentaire de comportements maîtrisés. C'est encore et toujours le vieux moi qui cherche à extirper de son petit monde ce qui lui semble important. Mais nous avons «échoué», car nous n'avons pas compris la différence entre la complaisance et la conquête de soi. Guy a un jour illustré par l'exemple suivant l'écart entre une banale autodomination et les vertus de la véritable transformation de soi.

En ce monde, il est toujours possible de découvrir un trésor. Mais si l'on ne remporte pas la guerre contre nous-même, cette richesse ne nous procurera qu'un lieu plus confortable où continuer à affronter de vieux conflits. Mais il existe un trésor intérieur garant de plénitude, quelles que soient les circonstances extérieures de notre vie. Ce trésor intérieur est la « véritable connaissance de soi » : ces vérités que vous découvrez *à propos de vous-même*, ces vérités qui proviennent *de vous-même* grâce à l'approfondissement de soi. Ce trésor vous appartient, car vous avez exploré le terrain qui le recèle, vous l'en avez extrait vous-même, vous l'avez glissé dans votre poche. C'est un trésor que nul ne pourra vous enlever. Sa sollicitude est vôtre à jamais. Cette nouvelle richesse intérieure transforme la conscience que vous avez de vous-même et de vos aspirations *réelles*. Grâce à ce trésor, tout devient plus simple. Le plus beau est que ce trésor spirituel s'accroît en fonction de l'effort que vous consentez à fournir pour l'acquérir.

Nous devons cependant faire ici une petite mise en garde : *rien* n'est plus facile ou plus flatteur que la lecture de certains ouvrages qui nous rassurent sur notre sagesse et sur la qualité de notre vie « spirituelle ». Mais ces livres contiennent une part factice, un « leurre » qui nous enferme dans un monde imaginaire. La véritable connaissance de soi, au contraire, est d'un abord plus difficile, car elle heurte notre vanité en nous montrant les limites et le caractère artificiel de l'univers autocréé de nos pensées. Mais elle nous permet aussi d'entrevoir l'univers en expansion qui nous attend... si nous savons apprécier la vérité qui seule peut nous le révéler. Amma Syncletica dit : « De grands défis et de grandes luttes attendent les convertis, mais aussi une joie inexprimable. La fumée dérange celui qui allume un feu, et ses yeux pleurent. Mais il parvient quand même à son but. Il est écrit : "Notre Dieu est un feu ardent." Nous devons allumer en nous le feu divin malgré les larmes et les difficultés. »

Comment réaliser vos rêves les plus chers

Comme ce fut le cas pour la jeune femme dont nous avons fait la connaissance en début de chapitre, ce que la vie nous donne est une conséquence directe de ce qui retient notre attention. Si nous espérons apercevoir une étoile filante, nous la verrons un beau soir fendre le ciel nocturne. Si nous persistons à chercher de l'or dans le sable d'un ruisseau ou en cassant des pierres, il se peut que notre quête soit un jour récompensée. Mais quand nous recherchons l'or le plus précieux de tous, celui de la véritable connaissance de soi, nous sommes *certain* de le découvrir. Cet or abonde ; il attend d'être découvert. Vous pouvez être sûr qu'il vous enrichira si vous tenez compte de ce qui suit.

Ce qui détermine le mieux la *nature* de nos découvertes est *l'objet* de notre attention. Peu importe que nous le comprenions ou non à cette étape-ci de nos études, nous reportons toujours notre attention sur *ce que nous aimons*.

Un athlète consacre chaque jour de longues heures au perfectionnement de ses aptitudes. Un champion du jeu d'échec occupe son temps et son énergie au développement de sa discipline mentale. De même, si notre désir le plus cher consiste à nous libérer de l'emprise de notre ennemi intime, chaque instant de la journée nous donne l'occasion de mettre en pratique les comportements qui conduiront à cette précieuse libération.

Les occasions de mieux nous connaître et les transformations qu'entraîne cette connaissance de soi abondent ; chaque instant nous en offre de nouvelles. Il importe de savoir que si les transformations auxquelles nous aspirons n'ont pas lieu, c'est parce que nous ne sommes pas à l'affût des occasions qui se présentent. En d'autres termes, *notre attention est ailleurs*. Nous continuons d'errer dans l'univers restreint de notre faux moi, nous nous laissons tyranniser par les PPC au lieu d'être *aux aguets de nous-même* et des leçons qui pourraient entraîner notre libération. Rien de plus facile que de laisser ainsi vaguer notre attention. Le fait est que, même si nous sommes fortement attiré par l'approfondissement de soi et que nous aspirons sincèrement à la liberté qu'il nous promet, il arrive souvent que quelque chose d'encore plus puissant nous en éloigne. Il faut tenir compte de ce détail. Réfléchissez aux propos de saint Paul aux Romains, lorsqu'il évoque ce déchirement en lui-même : « [...] je ne fais pas le bien que je veux et commets le mal que je ne veux pas. » Il ne connaissait que trop bien l'attirance hypnotique de l'ennemi intime, et combien il est facile à ce dernier de nous persuader que *ses* désirs sont les nôtres.

Il peut être épuisant de constamment demeurer en état d'alerte en luttant pour nous dégager de la force gravitationnelle du faux moi, un peu comme on cherche à retirer un t-shirt mouillé et trop petit. Tant que, dans notre sommeil psychique, nous n'avons pas conscience de notre vulnérabilité aux influences négatives, il nous semble plus facile de ne pas nous réveiller. Nous avons développé une accoutumance à cet état, et l'inertie qui nous tient prisonnier est extrêmement puissante. En conséquence, nous nous laissons facilement convaincre que la complaisance est encore le meilleur remède !

« Je n'ai pas envie de travailler sur moi-même aujourd'hui », nous entendons-nous dire. Ou encore : « Je suis trop fatigué. Du reste, ça ne sert à rien d'essayer de me calmer quand je suis dans un tel état. Je fais mieux d'attendre un moment plus propice. »

Nous ne devons pas obéir à ces injonctions de notre cerveau. Nous devons refuser de croire que les faiblesses de nos PPC sont les nôtres. Si nous attendons, pour nous pencher sur nous-même, d'avoir « envie de le faire », nous n'y parviendrons jamais, car aucune PPC n'aime être ainsi démasquée. Nous devons faire de l'approfondissement de soi un *acte de volition*, nous y engager délibérément, que cela nous convienne ou non. Nous ne pouvons pas attendre un moment plus propice. N'oubliez pas que, pour vaincre notre ennemi intime, « demain » arrive toujours trop tard. Si nous voulons gagner la guerre, c'est *aujourd'hui* que nous devons lutter.

Revenons à un thème que nous avons abordé plus tôt dans ce chapitre. L'approfondissement de soi équivaut à un traitement qui favorise la santé spirituelle. Lorsque nous sommes malade, si nous voulons recouvrer la santé, nous devons prendre régulièrement les médicaments qui nous ont été prescrits, que cela nous plaise ou non. L'approfondissement de soi exige la même rigueur : nous devons chaque jour demeurer conscient de nos actes. Tout comme la personne malade trouve dans son désir de recouvrer la santé le courage de subir sans flancher le traitement nécessaire, c'est lorsque nous comprenons combien il est inutilement douloureux de vivre dans un faux moi que nous parvenons à vaincre notre résistance à l'effort spirituel requis.

Notre détermination à vivre une vie réelle s'affermit lorsque, par l'approfondissement de soi, nous comprenons que, chaque fois que nous ne sommes pas consciemment maître de nos actes, *nous sommes sous l'emprise d'une force mécanique*. Lorsque nous sombrons dans un sommeil psychique, nous devenons aisément la proie de nos PPC. Qui plus est, chaque fois que nous nous laissons dominer par nos réactions inconscientes, nous perdons une occasion de l'emporter, une fois pour toutes, sur notre ennemi intime.

Fuyez vers une vie meilleure grâce à l'approfondissement de soi

En réfléchissant, nous constatons que nous répétons chaque jour les mêmes gestes. Nous nous levons le matin. Nous prenons notre petit-déjeuner. Nous allons faire des courses. Bien vite, notre vie sombre dans la routine.

Comment une suite de gestes aussi inconscients peut-elle nous régénérer? Quel plaisir trouvons-nous à nous asseoir à table une fois de plus? Bien sûr, un bon repas peut être un moment des plus agréables, mais, grâce à l'approfondissement de soi, nous pouvons faire davantage que simplement nous accorder un plaisir routinier de plus. Nous pouvons faire en sorte de devenir conscient de chacun de nos gestes familiers et pénétrer ainsi dans de merveilleuses et nouvelles aventures.

L'approfondissement de soi donne à notre vie quotidienne des dimensions nouvelles. Quand nous nous observons aussi souvent que possible, nous nous rendons disponible aux expériences inédites qui ont lieu tant en nous-même que dans le monde qui nous entoure. Les découvertes, même les plus superficielles, peuvent receler une mine d'or si nous sommes alerte et à l'affût de nous-même et de notre entourage.

Par exemple, nous pourrions aujourd'hui nous efforcer d'être alerte en société, afin de vérifier si les personnes présentes parviennent à épuiser un sujet de conversation. Nous verrons que cela se produit rarement, car chacun des interlocuteurs tire inconsciemment la couverture à lui en attirant l'attention sur un détail qui le concerne. Lorsque nous prenons conscience de ce phénomène psychologique, nous ne faisons rien pour modifier le comportement de cette personne ni même pour lui souligner la futilité d'un tel éparpillement. Mais nous voyons comment nous en venons *nous-même* à dévier sans cesse du chemin tracé. Quand cette astuce des PPC nous apparaît clairement, nous perçons à jour le secret qui nous permettra de maintenir notre cap.

Trouver des champs d'étude productifs n'a rien de bien sorcier. Par exemple, nous participons tous chaque jour à des activités susceptibles de nous entraîner dans un sommeil psychique : converser au téléphone avec un ami, regarder la télévision. Lorsque nous identifions ces comportements, nous pouvons nous secouer et mieux combattre les forces qui nous poussent au sommeil. Voici quelques exemples de champs d'étude — mais pour de meilleurs résultats, apprenez à identifier par vous-même les comportements les plus susceptibles de vous endormir psychiquement. Lorsque vous regardez la télévision, efforcez-vous de déceler les moments où l'expression du visage des acteurs influence vos émotions. Vous pourriez même éteindre l'appareil pendant quelques minutes au beau milieu d'une tirade déchirante, juste pour voir *comment* vous réagiriez. Bref, indentifiez les circonstances qui vous rendent le plus vulnérable au sommeil psychique et faites-en votre champ d'étude[1].

Quand nous nous maintenons en alerte de la sorte en prenant consciemment du recul par rapport à une circonstance donnée, nous constatons que nous sommes tout simplement sorti *du lit de nos pensées*. Ce courant mental et émotionnel est la *seule et unique* force qui puisse nous emporter. Ainsi, plus nous nous efforçons de nous dégager de cette emprise, plus nous devenons libre. Un jour survient, magnifique, quand, au lieu de composer avec chaque circonstance comme nous y contraint notre ennemi intime, nous profitons de cette même circonstance pour fuir l'univers minuscule qui nous gardait captif.

---

1. Les lecteurs qui souhaiteraient s'adonner à des exercices spécifiques d'approfondissement de soi gagneront à se procurer le livre de Guy Finley, *Pensées pour lâcher prise*. Cet ouvrage regroupe onze exercices spirituels conçus pour guider le lecteur dans sa découverte de soi. – E. B. D.

Petit à petit, nous comprenons que *tout*, dans cette vie, peut déboucher sur la découverte de nous-même. Chaque instant nous tient occupé. Une promenade n'est plus une simple promenade ; elle devient un itinéraire de plus dans l'approfondissement de soi.

Quoi que nous fassions, nous pouvons en toute conscience découvrir des façons de demeurer à l'affût de l'univers mental contraignant que nous avons créé et qui est habituellement le nôtre. Quand nous le voyons sous son vrai jour, nous refusons de demeurer captif de ses pensées et de ses souvenirs douloureux. Nous voulons de plus en plus souvent appartenir à l'univers plus vaste de la réalité, être tel que le vrai désire que nous soyons. Ainsi, notre attention est toujours captée par les étoiles filantes de la révélation de soi qui nous conduisent vers une nouvelle vie, celle qui nous revient de droit.

Quatre énoncés qui débouchent sur la réalisation de soi

Il arrive trop souvent que l'on se désintéresse de l'approfondissement de soi. On abandonne l'introspection parce qu'elle ne nous procure pas de bienfaits immédiats. Plus on prend conscience de l'univers qui a toujours été le nôtre, plus on a l'impression de sombrer dans un sommeil psychique encore plus profond qu'auparavant. Ne vous laissez pas leurrer ! Le défaitisme qui vous incite à mettre fin à votre introspection vous est inoculé par votre ennemi intime. Cet ennemi sait que *votre* persistance signera *son* arrêt de mort. Sa seule arme est le découragement. Ne l'écoutez pas ! Sachez que, même si vous tombez plusieurs fois au cours de votre ascension, l'approfondissement de soi et la réalisation de soi sont synonymes, dès lors que vous ne déviez pas de votre route. Tout ce que vous devez faire pour parvenir à vaincre votre ennemi intime, c'est persister dans votre introspection. Voici une autre merveilleuse règle de vie supérieure destinée à vous aider dans votre parcours :

Recommencer est *toujours* possible, car l'instant présent est toujours *nouveau*.

La vie est en perpétuelle mutation ; *vous aussi*. Le défaitisme de votre ennemi intime, cet ennemi qui vous met en garde contre l'échec, provient de l'univers *qui a été le vôtre* jusqu'à présent, et *non pas* de la vie sans cesse renou-velée. Si vous comprenez cette vérité, vous trouverez en vous le courage de vaincre vos sentiments d'échec et de persister dans votre quête de vous-même.

Afin de profiter au maximum de leurs bienfaits, lisez plusieurs fois les quatre énoncés de Guy sur l'approfondissement de soi et sur l'importance de la persistance :

1. « La persistance trouve sa force dans la réalité. Sachez voir en chacun de vos échecs une situation passagère. Par l'approfondis-sement de soi, vous saurez que l'échec n'existe pas, que la voix défaitiste que vous entendez n'est qu'un *écho* de ce qui *a été*. Ce qui *a été* n'est plus si vous ne permettez pas à votre ennemi intime de vous convaincre de la réalité de l'écho. »

2. « Tout sentiment d'échec s'accompagne de la supposition incons-ciente que vous connaissez toutes les causes de votre enferme-ment. Pour abattre ces murailles, affrontez chacun de vos échecs avec la certitude que votre connaissance de vous-même n'*a pas de limites*. »

3. « Tout comme l'œil qui voit ne peut se voir lui-même que dans une glace, votre moi psychologique ne vous devient visible que dans les images mentales qui le reflètent et *dont vous êtes le créateur*. Ainsi, lorsque vous songez à l'échec, souvenez-vous de *qui* a fait surgir cette image dans votre esprit. Percez à jour votre souffrance en comprenant qu'elle a pris racine dans votre propre moi, soumis à toutes sortes de conditionnements. Lorsque vous admettrez avoir vous-même créé cette image, vous ouvrirez la voie à une guérison spirituelle que seule procure la véritable connaissance de soi. »

4. « Chaque fois qu'une révélation vous signale votre sommeil psy-chique, profitez-en pour vous réveiller et pour vous répéter que vous êtes *toujours* en mesure de repartir de zéro. Sachez que la voix intérieure qui vous qualifie de perdant devrait faire l'objet d'une introspection plus profonde encore. Ne vous penchez *pas* sur le moi qui est *le point de départ* du regard que vous posez sur vous-même. »

Laissez la lumière combattre pour vous

Les vérités qui nous sont révélées par l'approfondissement de soi nous dépouillent peu à peu de nos images erronées de nous-même, de ces certitudes et de ces idées fausses qui ont nourri la guerre que nous livrons à nos pensées. De toute évidence, nous ne ferons aucun progrès si nous croyons que nos pensées peuvent et doivent nous indiquer la route à suivre. Notre parcours véritable commence quand nous constatons qu'il n'y a pas de chemin tracé là où nous pensions le trouver. L'approfondissement de soi mène à cette révélation. Le vrai désire nous servir de guide, mais il en est empêché lorsque toutes nos idées fausses se dressent sur son chemin en s'efforçant de faire taire notre voix supérieure encore trop faible pour leur résister. Voilà pourquoi l'approfondissement de soi n'a pas pour objectif d'obéir aux directives de nos idées fausses, mais bien de déceler et de rejeter tout ce qui constitue une erreur.

L'approfondissement de soi est la voie royale qui conduit au moi supérieur. Il s'accompagne de merveilleuses découvertes, de moments de bonheur, d'une nouvelle énergie et d'une joie de vivre renouvelée. Mais pour goûter ces expériences, il faut se montrer persistant en dépit des obstacles, de la confusion, et des pertes réelles que nous subissons. Sachez, cependant, que nous ne pouvons jamais perdre le plus important, pas plus que la lumière de la lune ne peut éclipser celle du soleil. L'ordre des choses *existe* réellement. Toute introspection éclaire nos côtés sombres et les montre sous leur vrai jour. C'est là la signification secrète de la notion millénaire selon laquelle la lumière est notre meilleure arme. Laissez-la prendre votre combat en main.

Résumé

[...] nous devons commencer au commencement
sans nous inquiéter de savoir où celui-ci se situe.
L'essentiel est de commencer, peu importe où.
Quelle différence cela fait-il que vous entriez dans
la rivière ici plutôt que là ? Tôt ou tard, toutes les eaux
atteignent l'océan et s'y déversent.
Ne laissez jamais le découragement avoir le dernier mot
et un jour, il n'y aura plus rien à débattre. En outre,
vous pouvez recommencer autant de fois que vous êtes prêt
à laisser derrière vous vos idées sur vous-même. Rien dans
ce monde, ni dans aucun autre monde, ne peut vous empêcher
de découvrir votre être unique et libre. Cela a toujours été
votre destin...

— Guy Finley, *Pensées pour lâcher prise*

Chapitre neuf

Vivre libre
à la première personne

Quand nous nous engageons dans la recherche du vrai,
nous croyons celui-ci très loin de nous. Quand nous constatons
que le vrai est déjà en nous-même, nous redevenons
aussitôt notre être originel.

DOGEN

Vendredi après-midi... en plein cœur de l'été... à New York. Des milliers de passants se hâtent dans les rues de Manhattan, mais ils ne nous voient pas ; nous sommes les détectives privés de la vie intérieure ! Nous pouvons observer qui bon nous semble. Le premier objet de notre examen est un homme d'affaires qui marche d'un pas rapide dans Wall Street.

Cet homme élégant s'apprête à régler un arbitrage complexe ; il doit absolument signer d'importants papiers avant la fermeture des banques pour le week-end. Tandis qu'il se faufile dans la foule, l'expression de son visage et sa démarche témoignent clairement de son assurance et de sa détermination. Chacun de ses mouvements trahit sa confiance dans sa capacité à remporter la victoire.

Délaissant l'homme d'affaires, nous cherchons un autre sujet d'étude ; notre quête nous amène à la terrasse sur le toit d'un institut de beauté de grand luxe. Bien au-dessus des bruits de la rue, nous trouvons une petite oasis parsemée d'arbres en pots, et une invitante piscine alimentée par une mélodieuse chute d'eau. Une riche cliente est étendue sur une chaise longue ; des verres fumés dissimulent ses yeux ; un turban enveloppe ses cheveux ; son visage est couvert de tranches de concombre ; son expression est légèrement hagarde.

Redescendus en bas, nous entrons dans un café minable, au fond d'une rue bordée d'édifices en piètre état. Assis sur un tabouret, un homme d'âge moyen jette un regard de dépit sur les restes de son sandwich sans presque remarquer la vaisselle salle empilée sur le comptoir à sa droite.

Nous avons posé un regard indiscret sur trois personnages en apparence très différents ; pourtant, tous trois partagent un même fardeau, une caractéristique psychique largement responsable de leur comportement dans une situation donnée. Ces trois personnes ne sont pas seules à porter un tel fardeau. En fait, la plupart des hommes et des femmes ont le même, sans en connaître la nature. Revenons pour le moment à nos trois personnages et à leur fardeau ; celui-ci consiste à ne pas savoir qu'ils agissent comme ils agissent et cherchent ce qu'ils cherchent, tout simplement *parce qu'ils se sentent à l'écart.*

L'homme d'affaires qui se hâte vers la banque espère gagner suffisamment d'argent pour éprouver enfin la confiance et la satisfaction auxquelles il aspire. Il saura qu'il a joué un rôle important, il ancrera ses pieds dans du solide, dans quelque chose que personne ne pourra jamais lui enlever.

La riche cliente de l'institut de beauté a elle aussi l'impression qu'il manque à sa vie quelque chose d'essentiel. Elle croit qu'un nouveau traitement de beauté ou qu'un nouvel exercice aérobique lui rendront sa jeunesse et qu'elle pourra de nouveau espérer la réalisation de ses plus chers désirs.

L'homme du café se sent seul, isolé, trahi par une société qui, *selon lui*, l'a empêché d'atteindre son plein potentiel. Incapable, pour le moment, de retourner sur le champ de bataille où il a connu de si nombreuses défaites, il passe le temps au comptoir du café en ruminant ses malheurs et fouille sa mémoire pour trouver un bouc émissaire, une raison à son désespoir.

Regardez autour de vous, où que vous soyez. Efforcez-vous de percer à jour les acteurs et les actrices qui traversent telle ou telle étape de leur existence. Regardez au-delà des apparences et des différences de surface. Vous verrez que *tous* ont un point commun : les gens font ce qu'ils font pour éprouver un sentiment de plénitude. Ils sont conscients d'un vide dans leur vie. Ils se sentent à l'écart. C'est juste. Nous *sommes* à l'écart. Et si nous le demeurons, en dépit de tout l'argent que nous gagnons, de tous les voyages que nous faisons, de toutes ces choses destinées à nous apporter un réconfort psychologique, c'est parce que *nous ignorons de quoi nous sommes séparé*. C'est au niveau de notre subconscient que nous éprouvons un sentiment de profonde solitude et d'inachèvement.

Puisque nous ignorons les causes réelles de notre sentiment d'abandon, nous lui recherchons une explication. Au lieu de dire « je me sens à l'écart », nous disons « je suis pauvre », ou « j'ai peur », ou « je me sens rejeté et seul ». Chacun de ces faux problèmes nous propose sa solution. « Je dois gagner plus d'argent. » « Je dois convaincre les autres de ma puissance. » « Je dois me venger de la cruauté de ceux qui m'ont fait souffrir. » Et si aucune de ces solutions ne porte fruit : « Il ne me reste plus qu'à croire que ma vie est un échec, ou que la société est insensible et cruelle. »

Nous recherchons donc les solutions que nous nous sommes offertes, mais aucune ne nous apporte la plénitude tant désirée. Cette plénitude est impossible, car notre problème n'est pas dû à notre situation financière ou à nos relations avec notre entourage. Il n'a rien à voir avec la façon dont nos parents nous ont élevé ou aux politiques du gouvernement. Tous les efforts que nous déployons en ce sens ne résolvent pas le nœud du problème et ne nous rendent pas heureux. La douleur que nous ressentons, quelle que soit la cause que nous lui imputions, est due au fait que nous ignorons le lien qui nous rattache à notre véritable source de vie. Nous n'avons pas l'impression de faire vraiment partie du monde qui nous entoure, nous ne savons pas qu'une puissance supérieure nous guide et nous stimule. La vie nous semble hostile, nous sommes persuadé de devoir nous battre seul, de sans cesse prouver notre valeur afin d'en récolter un sentiment de plénitude et d'achèvement.

Nous ressemblons à ce pauvre hère qu'un grand roi invite à demeurer dans son château. Ignorant qu'il est un invité de choix, persuadé qu'il doit encore et toujours assurer sa survie, il vole ce qu'il peut de nourriture, jamais assez pour satisfaire son appétit. Parce qu'il n'est pas conscient de son statut réel, il ne voit pas la table chargée de victuailles qui l'attend dans la salle à manger. Aveugle aux richesses offertes, il va jusqu'à reprocher au roi son infâme cruauté !

Qu'est-ce qui *nous* rend si aveugle aux bienfaits que la vie nous prodigue ?

Vous avez raison. C'est notre ennemi intime. Il nous isole, puis nous pousse encore et encore dans une bataille imaginaire. Notre faux moi intervient à tout moment, nous impose *sa* vision erronée des choses, juge les événements en fonction de *sa* notion des faits. Avant qu'une part nouvelle ou spontanée de nous puisse goûter la vie sans interférence et la voir sous un jour nouveau, une part ancienne intervient afin de protéger non pas la personne que nous sommes vraiment, mais la personne qu'*elle* croit être. Chaque fois que surgit une PPC, elle se replie sur elle-même pour puiser un sentiment de plénitude dans cet univers provisoire et fictif et pour éprouver un sentiment d'achèvement. Ce faisant, elle s'isole de la vie même ! Surgis du passé, les propos de l'écrivain George Macdonald le confirment : « Toutes les portes qui conduisent aux lieux secrets et intérieurs de la plus haute spiritualité s'ouvrent vers le dehors : hors du moi – hors de la petitesse – hors de l'erreur. »

Prenez charge de la Personne Provisoirement en Charge

En tout temps, la PPC nous persuade que *sa* vision du monde est la seule valable, la seule possible. Pour lui échapper, nous devons la prendre sur le fait lorsqu'elle s'efforce de transformer notre vision de la vie afin de la rendre conforme à *son* désir de perpétuation. Ce faisant, nous apprenons comment la PPC nous isole du vrai. Il n'est pas facile de prendre une PPC sur le fait, car nous avons jusqu'à présent été certain que les PPC correspondent à notre vrai moi. Quand nous savons tirer des leçons de la vie quotidienne et de notre entourage, il n'y a pas de limite à notre éclairement. Nous savons déjà, par exemple, comment l'auto-observation et l'observation des autres au cours d'une conversation peuvent se révéler productives. Penchons-nous maintenant plus avant sur cet exercice, et voyons comment notre vie sociale peut contribuer à la connaissance de soi.

Nous pouvons apprendre à nous servir des autres pour développer notre spiritualité en les observant et en décelant dans leur comportement une image miroir de la nôtre. Nos observations nous permettent de prendre conscience de la manière dont *nous* nous comportons, et donc de comprendre les causes de nos émotions. Si nous parvenions à toujours inclure autrui dans notre introspection et nos observations, quelles précieuses leçons ne pourrions-nous pas en tirer !

Voici un exercice très révélateur des raisons de notre sentiment d'isolement. Lorsque vous vous trouverez en compagnie d'un groupe d'amis ou d'associés, par exemple au cours d'un repas, observez comment chaque personne présente ramène à elle le moindre sujet de conversation. Personne ne peut prononcer une phrase sans que quelqu'un d'autre ne la relève et ne la transforme en fonction de ses connaissances sur le sujet, par des moyens parfois très détournés. Elle décrit sa recette de chaudrée de palourdes, et il l'interrompt pour dire que la meilleure chaudrée de palourdes de toute sa vie, c'est à Boston qu'il l'a savourée. Ensuite, pendant cinq bonnes minutes, il parle de sa visite à Boston ! Nous sommes tous des spécialistes quand le sujet de conversation est « nous-même », et nous profitons de la moindre occasion pour discourir sur notre sujet favori. Les gens ne se parlent pas entre eux, ils se parlent à eux-mêmes. Quel que soit le sujet abordé, il s'agit toujours d'eux. Quand les autres s'emparent de ce sujet et l'adaptent à leurs propres besoins, celui qui l'a lancé le premier s'en irrite. Chaque fois qu'une personne ramène la conversation à elle ou s'irrite de ce qu'on a éloigné d'elle la conversation, elle se place à l'écart.

Nous avons donc pu observer qu'il est dans la nature du faux moi d'être égocentrique. Il ne peut pas vivre hors du noyau de son existence, si bien qu'il s'empare de tout ce qui peut lui permettre de décrire et de revivre son expérience. Tout doit tourner autour de la PPC du moment, sans quoi cette dernière s'effondre – ce qui se produit fréquemment. Mais l'effondrement d'une PPC ne représente pas un problème majeur pour le noyau plus vaste du faux moi. Une PPC n'est qu'un fantassin. L'ennemi intime peut en dépêcher un très grand nombre au front. Or, si une PPC échoue à faire dévier la conversation sur elle, elle s'effondre, mais elle est aussitôt remplacée par une PPC irritée sur qui la personne peut compter pour se retrouver en pays de connaissance.

Puisque nos conversations sont, en général, des conversations entre PPC et non pas entre individus qui interagissent de façon authentique, la véritable communication est plutôt rare. Le terme communication a pour racine le mot « commun », c'est-à-dire « partagé », comme dans « énergie partagée sans interférence ». Mais des courants d'énergie commune traversent justement les PPC. Nous sommes à l'écart, parce que les PPC s'efforcent toujours de capter cette énergie, de s'y « brancher », nous isolant ainsi. Les PPC tentent tour à tour de nous convaincre que, si nous parvenons à *leur* procurer un sentiment de permanence, *nous* éprouverons un sentiment de permanence. Chaque fois, nous nous laissons prendre à leur jeu, parce que nous ignorons que ce que nous sentons comme étant détaché de nous n'a rien à voir avec la conception que se font les PPC du bonheur et de la réussite.

Nous croyons à tort que la sûreté de soi, le bien-être qui nous manquent, nous pourrions les trouver dans un plus grand confort matériel. Nous persistons dans cette erreur en croyant qu'il suffirait de combler ce vide pour être heureux. En réalité, ce qui nous manque ne peut être défini par aucun processus mental ou émotionnel. Plus nous recherchons une satisfaction en nous repliant sur nous-même pour refermer le cercle comme nous l'ordonne la PPC, *plus grand est le manque que nous ressentons.* Parfois, les efforts des PPC portent fruit. Nous jouissons d'une victoire provisoire qui nous « électrifie ». Parfois, elles échouent, et nous nous replions sur nous-même. Dans tous les cas, un aspect du faux moi se confirme, et le moi réel est enfermé dans un cercle vicieux de pensées qui l'empêche d'affronter la vie face à face. À mesure que nous comprenons mieux que chacune de nos tentatives pour atteindre à la plénitude creuse en nous une insatisfaction et un vide encore plus grands, nous acquérons la force de désobéir aux directives des PPC.

Ainsi, la fausse structure du moi commence à s'effondrer. Au fur et à mesure de sa destruction, quelques-uns des aspects du vrai moi émergent et font de la vie une expérience tout à fait inédite.

Découvrez la magie de l'instant originel

Guy nous suggéra un jour une façon différente de procéder pour l'une de nos rencontres, au mois d'août : nous délaisserions notre salle habituelle afin de nous réunir dans un jardin public. En prenant place dans ce décor naturel à proximité de la rivière Rogue, nous avons pressenti que les propos de Guy seraient eux aussi un peu particuliers, qu'ils nous aideraient à délaisser encore plus notre ancien moi. En effet, Guy nous a clairement montré la différence qui existe entre l'univers fermé de la pensée que nous habitons couramment et l'univers qui se déploie à l'extérieur de nous. Il a entamé la leçon par ces mots : « Il y a dans cette affaire quelque chose de caché. » En d'autres termes, les circonstances qui, selon nous, font partie intégrante de notre vie « normale » existent au sein d'un univers *déjà* plus vaste et généralement invisible. Lorsque nous demeurons en état d'alerte intérieure, nous pouvons entrevoir une réalité nouvelle, une réalité en expansion qui nous permet d'échapper tout naturellement à l'image restreinte que nous avons de nous-même. Guy nous a ensuite fait part d'une révélation qu'il avait eue un matin en mangeant de la pastèque !

Nous avons d'abord pensé qu'il plaisantait, comme il le fait souvent au cours de nos discussions sur la vie supérieure. Mais nous avons bientôt compris que nous nous engagions dans une leçon particulièrement importante, car Guy a demandé si l'un d'entre nous s'était déjà penché sérieusement sur les enseignements spirituels secrets, sur les miracles que contient une simple portion de fruit. Réfléchissez à cela un instant. Vous verrez qu'« il y a dans cette affaire quelque chose de caché ! ».

Le jus de la pastèque est sucré. Le jus du citron est acide. Tous deux se composent d'eau. Pourquoi l'un est-il sucré et l'autre acide ? Pourquoi l'eau qui les compose est-elle différente pour chacun ? Un élément contenu dans la graine de chaque fruit indique à la plante qu'elle doit absorber une substance particulière du sol et la transformer différemment. Quelle intelligence en a ainsi décidé ? Comment cette intelligence agit-elle dans notre propre vie ? Si vous vous posez ces questions, comme nous avons dû le faire en ce lumineux matin d'août, vous aussi verrez s'ouvrir devant vous un nouvel univers, un univers de liberté et d'ordre, l'univers invisible de la sagesse qui se révèle dans toute chose physique et que nous remarquons à peine. Si nous *parvenons* à déceler la beauté de ce monde invisible qui attend patiemment que nous y pénétrions en toute conscience, nous devons aussi nous poser la question suivante... même s'il est difficile d'y répondre : puisque nous avons la possibilité d'explorer sans cesse les univers supérieurs qui croissent à l'intérieur de notre petit monde personnel, pourquoi consacrons-nous une telle énergie à ce qui n'a aucune valeur, à ce qui nous fait souffrir, à ce qui nous restreint ?

La vérité dérange la vision complaisante que nous avons de nous-même, mais les résultats sont concluants : *nous dormons.* Ces miracles nous échappent parce que *nous ne sommes pas présent.*

Enfermé dans l'univers enclos de nos PPC, nous n'apercevons rien d'autre que ce que le faux moi désire que nous voyions. Si bien que les miracles qui se déroulent autour de nous nous échappent – et nous échappent aussi les enseignements que nous pourrions en tirer. Ces expériences inédites que *nous* devrions vivre, les PPC se les approprient et les transforment à leur gré, elles en font des événements familiers avec lesquels il *leur* est facile de composer. Leurs interprétations sont toujours des variations sur un thème ancien, récupéré sous une forme ou une autre. Commencez-vous à comprendre comment vivre de la sorte peut affecter nos expériences de tous les jours ? Nous sommes le plus souvent victime d'un désabusement inconscient et persistant – en d'autres termes, du syndrome de ceux qui ont « tout fait » et sont « revenus de tout ! » Vous reconnaissez-vous dans ce diagnostic ?

Une nouvelle voiture, une nouvelle relation, un voyage, une belle journée : nous ne savons plus en jouir parce que « ce n'est pas vraiment nouveau ». Les gens tentent de s'offrir des plaisirs inédits, persuadés que leur prochain caprice leur procurera le plaisir spontané et authentique auquel ils aspirent. Ils ne comprennent pas que, quoi qu'ils fassent, leur plaisir n'aura rien de nouveau, car la part d'eux-mêmes qui en fait l'expérience n'est qu'un réflexe ancien qui recycle tout à rebours en refaisant inlassablement du vieux avec du neuf.

Dans la vie réelle, au contraire, tout est unique. Reportez-vous à un moment passé dans un parc, au bord de la mer ou dans un jardin. Pourquoi l'ambiance que dégage un décor naturel est-elle splendide, pourquoi a-t-elle quelque chose de sacré ? Qu'est-ce qui y stimule notre plaisir ? Songez, par exemple, au bruissement d'un ruisseau. Pourquoi est-ce si beau ? Pourquoi est-ce si rafraîchissant ? Parce que le bruissement d'un ruisseau n'est jamais le même d'une seconde à l'autre. Il en va de même de toute la nature qui nous entoure. Aucun instant ne découle du précédent, tous sont des originaux. La nature est riche d'originaux. Chaque pin est différent. Chaque moineau est différent. Même les chants des oiseaux, qui obéissent pourtant à une ligne mélodique particulière selon les espèces, ne sont jamais identiques d'une fois à l'autre. Pourquoi, dans un univers sans cesse renouvelé, n'éprouvons-nous pas nous-même un tel renouveau ? Parce que ce qui, en nous, accueille ce renouveau n'est ni neuf ni intégré au moment présent. Nous faisons de la vie une expérience indirecte. Ce sont nos PPC qui, tour à tour, accueillent la vie à notre place. Et puisque les PPC sont des produits de la mémoire et qu'elles ajustent chaque moment à l'usage que leur dicte cette mémoire, le monde dans lequel nous vivons nous apparaît redondant et usé.

Il nous est possible – en fait, nous devrions – vivre *à la première personne*, comme le dit si bien Guy. Notre être, à la naissance, est aussi original et nouveau que chaque instant de la journée, et il croise ce nouvel instant pour la première fois. Les moments de vie qui traversent notre être sont eux aussi chaque fois inédits. Ils ne sont pas le produit d'une expérience passée ; c'est donc dire que *chacun* est incomparable. Voilà pourquoi aucun d'eux n'est imparfait. Le moi originel et libre qui vit chacune de ses expériences sans intermédiaire communie avec la vie, car il ne lui oppose aucune interférence et ne cherche pas à la transformer. Il n'essaie pas de s'identifier aux circonstances, car en s'harmonisant à la plénitude de l'existence, il n'a besoin de rien d'autre. Il ne se replie pas sur lui-même pour trouver son achèvement, si bien qu'il ne s'enlise pas dans un univers fragmentaire, par conséquent incomplet et isolé. Comparez ce moi à la vie à rebours des PPC, et tout vous deviendra clair : *on ne saurait être heureux que si l'on vit à la première personne.*

Comment pouvons-nous nous affranchir des PPC afin de vivre directement, *à la première personne ?* En prenant sur le fait toute PPC qui s'apprête à se replier sur elle-même, et en brisant le cercle.

Sortez du cercle du moi

Lorsqu'on y recherche un enseignement supérieur, de nombreux passages, de nombreuses paraboles des saintes Écritures nous fournissent la carte routière de notre itinéraire intérieur. Un passage du Nouveau Testament est particulièrement éclairant, car il nous aide à comprendre ce que signifie l'expression « agrandir le cercle ». Ce passage, dont l'interprétation est souvent erronée, nous dit que :

> Quoi que tu lies sur la terre, ce sera tenu dans les cieux pour lié, et quoi que tu délies sur la terre, ce sera tenu dans les cieux pour délié.

La signification profonde de ces paroles nous devient plus limpide si nous retournons à la langue du Christ, l'araméen. La richesse de cette langue ancienne confère aux mots plusieurs strates de sens qui se sont effacées en traduction. En araméen, les verbes « lier » et « délier » étaient étroitement apparentés, et tous deux faisaient allusion à la circulation de l'énergie. « Lier » signifiait enfermer quelque chose dans un filet d'énergie. Ce verbe suggérait l'idée de fermeture. Son contraire, « délier », indiquait la libre circulation de l'énergie et suggérait l'idée d'ouverture.

Cette énergie qui peut ainsi être liée (enfermée) ou déliée (libérée) est la force vitale elle-même qui descend des cieux, anime l'individu et remonte au ciel dans un mouvement circulaire continu. Elle unit les puissances supérieures aux êtres inférieurs afin que toute vie humaine puisse bénéficier de l'inspiration et de l'orientation divines. À cette époque, le lien entre les cieux et l'homme était continu. La vie humaine était complète et sans cesse renouvelée, car elle se voulait le reflet ininterrompu de l'univers saisi dans l'instant à jamais originel.

L'individu qui, par l'intermédiaire de l'identification et de l'attachement, a enfermé cette énergie à l'intérieur de lui-même l'a « liée ». Se repliant sur soi, il a interrompu le flot circulaire de l'énergie. Il s'est mis à l'écart. Et l'énergie qui, par conséquent, s'est trouvée enfermée sur terre n'a pu regagner sa source, si bien qu'elle s'est trouvée tout autant isolée dans les cieux. Délier sur la terre signifie libérer cette énergie captive. En agrandissant le cercle, on permet la libre circulation de l'énergie qui peut ainsi être déliée dans les cieux.

Tout ce qui précède se rapporte tout à fait à nos propos sur les PPC et sur la façon dont elles nuisent à notre expérience directe de la vie. Le repli sur soi équivaut à la fermeture du cercle du moi. Que nous nous jugions ou que nous applaudissions nos mérites, chaque fois que nous nous *replions sur nous-même,* nous nous isolons. Nos pensées erronées nous disent que nous agrandirons le cercle si nous nous attachons à une identité afin de nous faire croire que nous sommes vivant. Mais notre sentiment perpétuel d'abandon nous démontre clairement que nos réactions inconscientes ne parviennent qu'à nous tenir à l'écart. Chaque fois que nous faisons dévier la conversation vers les préoccupations de nos PPC, au lieu de vivre pleinement le moment présent et de savourer la compagnie de notre entourage, nous nous isolons. Chaque fois que nous poursuivons un but qui, aux dires de nos PPC, nous procurera un sentiment de plénitude et que nous oublions que, dans un univers supérieur, tout est déjà accompli, nous nous isolons. Ainsi que le faisait remarquer Henry Van Dyke : « Le moi est la seule prison qui puisse enfermer l'âme. » L'esprit étroit enferme l'énergie, mais ceux d'entre nous qui aspirent à une vie supérieure doivent apprendre à la *libérer.*

Maintes occasions nous sont offertes chaque jour de délier quelque chose sur terre, d'agrandir le cercle de l'énergie et, par conséquent, de délier celle-ci dans les cieux. Mais nous préférons la lier. Supposons, par exemple, que vous croisiez une personne de votre connaissance dans la rue. Vous vous arrêtez pour bavarder avec elle en vous efforçant d'orienter chacun des aspects de votre interaction vers vos objectifs égocentriques, si bien que vous vous repliez sur vous-même. En vous éloignant, vous repensez à la conversation que vous venez d'avoir et vous évaluez votre performance. Ce faisant, vous enfermez encore plus d'énergie dans le petit cercle de votre moi.

Supposons encore que vous vous adonniez à la méditation, mais que, au lieu de vous ouvrir à l'inconnu en abandonnant votre conception de ce que doit être la méditation, vous plongiez dans une conception imaginaire de ce que vous êtes censé penser et ressentir : vous resserrez le cercle encore une fois.

Le seul remède à cet isolement volontaire consiste à nous délier nous-même, à nous dégager du cercle du moi. Ainsi, nous libérons l'énergie que nous avions toujours enfermée sur elle-même par le passé afin d'éprouver un sentiment d'achèvement. Mais ce sentiment d'achèvement n'était qu'un leurre, il masquait notre isolement de tout ce qui est vrai, bon et éternel.

Cette explication profonde et régénératrice n'a aucune signification pour ceux qui n'ont jamais été conscients de leur repli sur soi, qui n'ont jamais été à l'affût du moment exact où ils liaient l'énergie et s'isolaient. Mais si nous restons en état d'alerte, nous pouvons être témoin de ce processus et ainsi mieux comprendre comment nous nous sentons si souvent abandonné dans le minuscule univers du moi. Lorsque notre perspicacité nous permet d'enrayer ce processus et de nous libérer des désagréments que nous éprouvons, nous aspirons à de plus grandes révélations encore. Voici une anecdote qui m'a beaucoup éclairée sur le déroulement de ce processus.

Un jour que je sortais d'un parc de stationnement en même temps que plusieurs autres conducteurs, l'un d'eux fit un virage inattendu, et nous évitâmes l'accident de justesse. Heureusement, ce ne fut pas grave. Mais, poursuivant ma route, je ne cessai de revivre cette scène. Je repensais aux circonstances qui avaient failli occasionner un accident, et j'en blâmais le conducteur imprudent. C'est alors que se produisit un miracle, dans le sens le plus profond du terme. Je me remémorai tout à coup l'enseignement que Guy nous avait dispensé la veille et l'exercice qu'il nous avait imposé pour que nous « déliions l'énergie ». Je devins aussitôt beaucoup plus consciente de moi-même. Je compris que j'étais en train de m'enfermer dans le minuscule univers créé par mes souvenirs de l'incident récent. Une PPC avait surgi, adapté les circonstances, et se contentait maintenant de les revivre encore et encore. Je voyais presque les pensées tournoyer comme si elles avaient été prisonnières d'une tornade naissante. Cette pause me permit d'empêcher mes pensées de se replier sur elles-mêmes. J'en fus bouleversée et je compris que j'étais devenue de moins en moins consciente du monde qui m'entourait.

J'écoutai la voix qui m'avait secouée et enjointe de la libérer. J'eus la sensation très nette qu'un cercle d'énergie se dilatait au-dessus et au-delà de ma conscience du moment. Je rejetai la coquille qui s'était resserrée autour de moi et je m'échappai dans le vaste monde. Cela fait, je sus qu'il n'avait jamais été nécessaire pour moi d'errer dans ce petit univers. La personne qui avait failli avoir un accident avait disparu dans la seconde même qui avait suivi. Elle n'était plus que le produit de mon imagination du moment, elle n'avait pas le droit de dominer mon existence avec ses peurs inutiles et ses images redondantes. Seul l'être que j'étais en ce moment précis, l'être conscient et toujours en devenir, avait le droit d'exister.

Combien de fois par jour une circonstance fait-elle surgir une PPC qui attire à elle des pensées et de l'énergie, puis se replie sur elle-même afin de créer un moi qu'elle emprisonne dans ses limites ? Combien de fois laissons-nous échapper l'occasion de prendre cette PPC sur le fait, d'enrayer ce processus et de nous libérer ? Chaque fois que nous sommes dupe d'une PPC, nous nous isolons de la vraie vie. Chaque fois que nous nous libérons, nous nous accordons la possibilité de vivre *à la première personne*.

Cela semble trop simple ? Les plus grandes vérités de la vie ne sont guère compliquées. La clé d'une vie nouvelle consiste à refuser le repli sur soi et à *délier*, donc à libérer, notre désespoir, notre peur, notre faux enthousiasme. Libérez votre notion de vous-même qui cherche à s'enfermer dans l'instant présent et à prendre provisoirement les rênes du pouvoir. *Agrandissez le cercle*. Le faux moi veut se replier sur lui-même afin de resserrer le cercle et d'éprouver un sentiment d'achèvement. C'est tout ce qu'il sait faire. Son but est l'autoperpétuation. Le remède consiste à le délier, à le libérer.

Libérer le faux moi signifie devenir conscient de l'isolement auquel nous nous condamnons chaque fois que nous nous replions sur nous-même, et enrayer le processus au moment où il se déclenche. Chaque fois que nous libérons notre faux moi, nous flottons psychologiquement dans un espace inconnu, nous ne savons plus très bien qui nous sommes. Ces sensations nouvelles peuvent être déconcertantes au début. Mais nous nous rendons vite compte qu'elles peuvent être une expérience agréable. Lorsque nous renonçons à vivre une vie artificielle dans l'univers qui n'est qu'un produit de nos pensées, nous pouvons faire l'expérience de notre réalité et de la réalité de la vie. Dans la plénitude de ce *moment originel vécu à la première personne*, nous ne ressentons plus aucun isolement.

Comment se libérer de soi-même

Pour que puisse se produire notre transformation intérieure, il est absolument essentiel que nous saisissions toutes les occasions qui nous sont offertes d'éviter le repli sur soi. L'ennemi intime aspire à nous isoler de la vraie vie et à nous obliger à nous débattre dans un petit monde circonscrit de sa création. C'est seulement ainsi qu'il parvient à se perpétuer. Parfois, l'univers où il nous enferme ressemble davantage à un terrain de jeu ou à une célébration de la victoire qu'à une guerre. Mais cela ne dure pas. En bout de ligne, la déception nous attend, ainsi qu'un sentiment d'isolement.

Dans le passé, nous suivions toujours nos PPC au front, car nous ne savions pas que nous pouvions leur désobéir. À présent, nous savons que ce champ de bataille n'est qu'une fiction évitable à la condition que nous soyons à l'affût du moment critique où nous risquons de nous y laisser entraîner. Nous pouvons et devons développer cette aptitude spirituelle. Chaque parcelle de notre moi conditionné s'y refuse pourtant. Il n'aime pas les expériences *à la première personne*. Il recherche ce qui lui est familier. Quand il a l'impression que tout se passe conformément à ses vœux, il en éprouve du bien-être et croit dominer la situation. Si, au contraire, les événements ne se déroulent pas ainsi qu'ils le devraient, surgit aussitôt une PPC perplexe ou qui se sent trahie. Ces deux situations conviennent au faux moi, du moment que, sous certains aspects, son appréciation de l'événement lui permette d'aller à sa propre rencontre.

En créant délibérément des circonstances propices à notre éveil, nous commençons à faire l'expérience directe de la vie sans interférence du faux moi. Bien entendu, chacun de nous doit, au bout du compte, créer lui-même des situations qui favoriseront cette expérience libératrice. Mais Guy nous propose un certain nombre d'exercices conçus pour nous placer dans des contextes où les réflexes habituels de notre pensée sont mis en déroute. Il suffit de nous y adonner pour être mieux en mesure de comprendre ce que signifie vivre *à la première personne*.

1. Recherchez les contextes peu familiers qui vous mettent au défi sur les plans psychologique et émotionnel. Il s'en présente chaque jour des centaines. Par exemple, au lieu de vous lever à l'heure habituelle, levez-vous dès l'instant où vous vous réveillez le matin. La PPC endormie veut attendre la sonnerie du réveil ou encore que celui-ci indique une heure précise. Elle ne tient pas à affronter la journée sans y être préparée. Pour vivre à la première personne, commencez votre journée à une heure inhabituelle afin de prendre conscience de la qualité différente de la lumière ou de sons peu familiers. La part de votre moi qui désire se rendormir est déjà en train de se plaindre : « Je n'aimerai pas ça ! » Ce sera sans doute vrai au début. Mais là n'est pas la question. Ce qui compte, c'est que le moi qui prétend ne pas aimer cela n'est pas votre vrai moi. C'est le faux moi. Vous devez avoir pour objectif de détecter et de rejeter ce substitut, et cela vous deviendra de plus en plus facile à mesure que vous constaterez qu'une vie vécue par procuration n'offre jamais rien de neuf.

2. Asseyez-vous dans une pièce où vous êtes seul, à l'abri du moindre stimulus. Ne dormez pas. Ne méditez pas. Restez assis sans rien faire de spécial, sans vous accrocher à quoi que ce soit, et prenez conscience de la petite voix intérieure qui

vous ordonne de faire quelque chose ou qui vous pousse vers une quelconque pensée. Chaque fois que vous constaterez que vos pensées s'égarent, revenez à l'instant présent. Efforcez-vous de percevoir ce que vous ressentez à être ainsi à l'écart de tout ce qui veut vous dicter qui vous êtes. Vous voici en face de vous-même. Ne commettez pas l'erreur d'imaginer l'être « spirituel » que vous croyez devoir percevoir. Regardez-vous tel que vous êtes. La prise de conscience de ce moi privé de toutes ses identités familières est une expérience à la première personne, le premier pas qui vous ouvrira la porte d'un tout nouvel univers.

3. Débarrassez-vous de propos délibéré d'une notion que vous chérissez et affrontez la vie sans elle. Par exemple, refusez de porter un jugement sur le comportement d'autrui comme vous le feriez en temps normal. Nous avons l'habitude de nous munir d'attentes et d'exigences pour affronter le quotidien. Ainsi, que ces attentes soient ou non satisfaites, nous savons comment réagir. Si elles sont satisfaites, nous nous félicitons de les avoir eues; sinon, nous croyons notre colère et notre ressentiment justifiés. Dans l'exercice qui nous occupe, nous nous efforçons de renoncer à nos attentes habituelles eu égard au comportement d'autrui. Nous nous contentons d'observer les autres sans porter sur eux de jugement de valeur et sans chercher à connaître leurs motivations. Ce faisant, nous empêchons une PPC de se replier sur elle-même pour puiser une identité dans le comportement d'autrui. Si nous échouons, si nous portons quand même un jugement de valeur, notre perspicacité nouvelle nous fait au moins prendre conscience des effets néfastes, sur nous-même et sur les autres, de ces jugements de valeur. Par conséquent, toute interaction devient une expérience vécue à la première personne. Les bienfaits de

cette prise de conscience sur toutes vos relations vous sur-
prendront !

4. Essayez de vivre une journée entière sans ouvrir la bouche
sauf si l'on vous parle. Vous devinez sans doute, de par votre
réaction initiale, que ce n'est pas là chose facile. L'idée
même du silence nous trouble. Ce malaise est une illustra-
tion de ce que nous ne cessons de répéter, soit qu'un des
aspects les plus importants de toutes nos interactions est
notre tentative pour en faire un instrument de repli sur soi
dans le but de renforcer notre identité. En restant à l'affût
des émotions qui nous assaillent quand nous nous efforçons de ne pas parler à moins qu'on ne nous adresse
d'abord la parole, nous constatons à quel point nos conversations ont toujours suivi une courbe égocentrique. Nous
devenons également plus conscient des autres ; sans doute
les écoutons-nous vraiment pour la première fois.
Lorsqu'une PPC ne se précipite pas immédiatement dans
l'action, quelque chose d'autre prendra sa place : la
compassion et la sagesse. Ainsi, toute rencontre sera riche
de nouveauté, car nous en ferons une expérience vécue à la
première personne.

5. Si une tâche vous attend que vous pourriez accomplir en
une fois ou en cinq étapes, choisissez la méthode la plus
longue. Ce faisant, vous inciterez une PPC à trouver votre
attitude ridicule. Après tout, vous avez mieux à faire. Et si
quelqu'un vous surprenait à prendre une décision aussi stu-
pide ? Prêtez attention à ce que vous disent ces voix. Ce
qu'elles veulent vous faire faire est-il plus important que le
développement de votre conscience supérieure ? Qu'est-ce
qui vous pousse à tant vous presser ? Où courez-vous ? Êtes-
vous déjà parvenu « là-bas » ? Y êtes-vous jamais resté ?

> Mettez ce moi pressé au défi, et vous connaîtrez des émo-
> tions tout à fait inédites. Un pas de plus vers la vie vécue à
> la première personne !

Ces exercices nous ouvrent tout un univers de connaissance de soi.
Mais, au début, il se peut que notre manque de confiance nous cache leurs
bienfaits véritables.

C'est ce qu'il faut ! Ce manque de confiance est *réel*. Les PPC nous poussent si souvent au repli sur soi que, dans ce brouillard intérieur, nous sommes insensible à notre malaise. Ces exercices nous permettent de voir que
nous avons de nous-même une fausse image, incapable de nous venir en aide
lorsque nous sommes confronté à des circonstances inhabituelles. Nous
constatons aussi que, lorsque nous parvenons à surmonter notre manque de
confiance, une vie vécue sans l'intervention des PPC est parfaitement
acceptable, mieux, c'est une toute nouvelle expérience. Nous goûtons aux
bienfaits que procure l'agrandissement du cercle. Avec le temps, nous devenons de plus en plus habile à repousser les PPC qui nous incitent au repli sur
soi. Nous agrandissons de plus en plus le cercle. Grâce à cette expansion,
nous dégageons la route qui conduit à la source supérieure d'énergie qui propulse notre vie à des hauteurs nouvelles. Et quand cela se produit, nous comprenons que c'était là notre véritable raison de vivre.

La victoire finale sur l'ennemi intime

Dans ce chapitre et dans tous ceux qui l'ont précédé, nous avons abordé
de nombreuses idées nouvelles auxquelles vous n'aviez sans doute encore
jamais réfléchi. Il ne suffit pas de les lire pour que ces idées supérieures
vous aident à mieux vivre. Ce n'est pas aussi simple. Vous devez découvrir
ces vérités *par vous-même*. Pour qu'elles vivent, elles doivent germer à
l'intérieur de vous, prendre racine dans votre propre expérience. Voilà
pourquoi nous vous avons proposé un certain nombre d'exercices spirituels. Chacun vous procure une des clés du « Connais-toi toi-même », chacun vous offre de multiples occasions de découvrir si votre vie et votre

ennemi intime correspondent réellement à la description que nous en avons donné dans ces neuf chapitres.

Le point de départ de votre enquête personnelle est que *quelque chose* vit en vous, prétend être un ami, un conseiller, un guide. Cette chose vous parle avec votre propre voix et vous « l'entendez » vous répéter qu'*elle* est *vous*. Mais *ce moi n'est pas* vous. Il n'est rien d'autre qu'un ensemble de réflexes et de mécanismes, dont certains font partie dès la naissance de la machine de votre corps, tandis que d'autres sont le résultat de vos expériences. Cet ensemble qui compose votre faux moi est « l'ennemi intime ». Comme tout ensemble, l'ennemi intime est un amas de fragments incomplets en eux-mêmes. Le psychisme ne s'exprime pas d'une seule voix, mais à travers un certain nombre de « moi » qui ont pris forme au fil des ans afin d'affronter différentes situations. Ces moi incomplets sont les PPC, les personnes provisoirement en charge. Ce sont des moi temporaires, produits du moment spécifique qui donne naissance aux conditions propices à leur apparition.

Ce faux moi n'est pas totalement inutile. En fait, loin d'être néfaste, il possède des aspects innés essentiels à nos interactions avec l'univers physique. Par certains côtés, le faux moi équivaut au concept freudien de l'ego. Pour Freud, l'ego est une mécanique complexe (qu'il a aussi qualifiée d'insensible) ayant pris forme entre le moi et le monde physique. Selon lui, l'ego est au service du moi. L'ennui avec ce faux moi, la raison qui en fait notre ennemi intime, est qu'*il* a pris le contrôle du moi. Au lieu de le servir, il le domine. On ne fait pas pire maître. Dans cet obscur renversement inconscient de la réalité, nous sombrons dans un sommeil psychique où le vrai moi conscient, tout comme la Belle au bois dormant du conte, sommeille derrière un rideau de ronces. C'est là notre condition habituelle : nous sommes à l'écart de la vraie vie qui gît au-delà de la muraille du moi. Le but de notre quête intérieure et de notre recherche spirituelle est d'éveiller le roi qui dort en chacun de nous et de lui remettre les rênes du pouvoir.

— Mais, direz-vous, qui effectue cette recherche spirituelle ?

Heureusement, certaines personnes hébergent en elles quelques serviteurs honnêtes capables de deviner qu'aucun avenir ne les attend dans ce royaume fou où ils résident. Ils associent leur sort à celui du roi endormi qu'ils s'efforcent de réveiller. C'est vraisemblablement un de ces loyaux serviteurs en vous qui est en train de lire ce livre et qui, encouragé par les énoncés qu'il y trouve, redouble d'effort. Lorsque le roi s'éveillera, il récompensera son fidèle serviteur, car c'est par son action désintéressée qu'il lui a offert une vie nouvelle, une vraie vie, la seule vie véritable.

Au cours de notre quête spirituelle, il se peut que nous ayons à affronter d'*autres* inquiétudes, que nous appréhendions quelque peu ce qui se produira si nous persistons à vouloir nous libérer de nous-même.

Qui deviendrons-nous ? Qui accomplira les tâches qui nous reviennent ? Saurons-nous encore faire cuire une tarte aux pommes ou réparer le carburateur de la voiture ? Devrons-nous renoncer à ceci ou à cela, à ce qui nous plaît encore mais qui, nous ne l'ignorons plus, nous est néfaste ? Portez attention à la réponse du vrai : *toutes ces inquiétudes sont inutiles.*

En apparence, vous et votre vie ne changerez guère aux yeux de votre entourage, qui ignore tout de votre recherche spirituelle. Oui, vous semblerez plus calme que la moyenne des gens. Vous ne prendrez plus aussi souvent part à des conversations superficielles. Vos relations personnelles s'amélioreront. Mais votre faux moi ne disparaîtra pas complètement. Il prendra tout simplement la place qui lui revient. Vous conserverez vos souvenirs, vos aptitudes, vos goûts et vos dégoûts. En fait, votre faux moi deviendra encore plus habile. Mais ce moi conditionné par tous les conflits passés qu'il aura eu à subir cessera d'être votre ennemi intime. Vous vous en servirez dorénavant à bon escient. Il ne vous dominera plus, mais deviendra le *serviteur* du vrai. Le serviteur cessera d'être le maître du royaume. La conscience supérieure prendra la situation en main et affrontera le monde en sachant que rien ne pourra la déloger, sinon pour la hisser sur un plan encore plus élevé.

Vous ferez vous-même cette expérience un jour si vous poursuivez votre recherche spirituelle. Le vrai attend tout individu qui s'efforce de comprendre que l'ennemi intime, naguère si intimidant, *n'a jamais existé.* Il n'y a jamais eu de guerre, il suffisait d'ouvrir les yeux et de voir. Guy a résumé cette idée dans un énoncé limpide. Relisez-le aussi souvent que nécessaire afin que son message de *victoire totale sur vous-même* vous aide à triompher rapidement de votre ennemi intime.

Le combat le plus difficile que nous ayons à mener pour triompher de nous-même consiste à transformer la nature même de ce combat. Il nous faut agir d'une tout autre façon. Nous devons cesser de lutter pour vaincre l'ennemi, et lutter plutôt pour nous allier à ce qui, en nous, a déjà remporté la victoire.

Résumé

Osez vous éloigner de toutes les attaches mentales
et émotionnelles familières mais inutiles qui vous procurent
une identité passagère et insatisfaisante. Votre vrai moi
vous appelle. Pour l'entendre, vous devez être disposé à
tolérer la peur de l'incertitude aussi longtemps que
nécessaire. Cet apparent abandon de soi deviendra vite
votre plus grande joie, car vous comprendrez bientôt que
la seule certitude que puisse vous apporter la peur est
le compromis. Sachez que, pour la personne que vous êtes
en réalité, il n'y a pas de compromis possible.
Voilà en quoi consiste le grand mystère. Quand vous saurez
qui vous n'êtes pas, vous saurez qui vous êtes vraiment.
Prêtez l'oreille à l'appel de votre nature royale. Vous aussi
trouverez le chemin de votre vrai moi.

— Guy Finley, *Les clés pour lâcher prise*

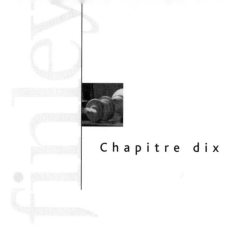

Chapitre dix

D'importantes réponses qui vous aideront à vous venir en aide

Le plus grand obstacle à la discipline spirituelle ne consiste pas à se débarrasser du moi, mais bien à comprendre qu'il n'existe pas au départ. Cette prise de conscience est synonyme de « pauvre » en esprit. « Être pauvre » ne veut pas dire « devenir pauvre » ; « être pauvre » veut dire ne rien posséder et ne pas donner ce que l'on a. N'avoir rien à gagner et rien à perdre ; rien à donner et rien à recevoir ; être, tout simplement, et pourtant être riche d'inépuisables possibilités — voilà ce que c'est qu'être « pauvre » dans le sens le plus noble du terme, voilà ce que nous disent toutes les philosophies. N'être rien, c'est être tout. Lorsqu'on possède quelque chose, ce quelque chose empêche tout le reste d'entrer.

THOMAS MERTON

Guy reçoit un abondant courrier de la part de lecteurs reconnaissants aspirant à une compréhension plus profonde encore de leur vie grâce aux principes supérieurs énoncés dans cet ouvrage. Afin de jeter un éclairage additionnel sur ces révélations au sujet de notre ennemi intime, et pour mieux venir en aide au lecteur qui souhaite s'adonner au travail intérieur que nous décrivons ici, nous reproduisons dans le présent chapitre certaines des réponses de Guy aux interrogations de personnes qui se montrent disposées à parfaire leurs connaissances. Vous constaterez que Guy couvre toute la gamme des commentaires, des plus généraux aux plus spécifiques et aux plus personnels. Dans tous les cas, ces commentaires sont éclairants et encourageants. Nous avons regroupé les lettres de façon à illustrer et à résumer l'essentiel du chapitre qu'elles mettent le plus en lumière. Pour le bénéfice du lecteur, nous résumons également le chapitre concerné en tête de chaque groupe de questions.

Commentaires de Guy Finley à propos de ce chapitre

L'une des découvertes les plus étonnantes que vous puissiez faire dans votre cheminement pour triompher de vous-même est que vous n'êtes pas aussi seul dans vos luttes et vos souffrances que certains aspects de votre moi voudraient vous en persuader.

Heureusement, cette prise de conscience de l'impuissance de votre entourage vous permet de mieux apprécier le fait que « votre » problème n'est pas vraiment « le vôtre », autrement dit, qu'il ne vous est pas spécifique, mais qu'il provient d'un niveau de l'être *commun* à tous les esprits éclairés.

À elle seule, cette connaissance, même minime, suffit à dissiper les ténèbres qui, croyions-nous, enveloppaient notre âme et *uniquement* notre âme. Mais l'éclairement du vrai s'accompagne d'un bienfait supplémentaire que le résumé du dernier chapitre révélera au lecteur.

Puisque nos souffrances et nos problèmes ne sont pas uniques, bien qu'ils correspondent extérieurement aux spécificités de notre vie personnelle, les questionnements qu'ils soulèvent sont eux aussi, dans l'ensemble, communs à tous.

Les questions et réponses qui suivent vous démontreront que vous n'êtes pas seul... que vous n'êtes pas « la seule personne » au monde qui éprouve ces émotions... et qu'une voie conduit réellement à la vraie vie à laquelle vous êtes intimement persuadé d'avoir droit.

Chapitre premier – L'éveil du moi supérieur à toute lutte

Lorsqu'ils sont malheureux, les hommes et les femmes recherchent un abri sûr qui les protégera d'un monde en apparence hostile. Toutefois, en dépit de ce que nous répètent nos pensées, l'ennemi ne se trouve pas à l'extérieur de nous. L'ennemi est en nous : ce sont les perceptions erronées de nos réactions mécaniques inconscientes qui créent ces menaces. Cet ensemble de réflexes et l'éventail de fausses idées qui en découlent sont notre « ennemi intime ». La solution à nos problèmes ne consiste pas à « régler » ce que nous percevons comme étant un problème « extérieur à nous ». Nous devons plutôt apprendre à déceler et à abandonner nos réflexes « intérieurs », au niveau même de l'être où ils prennent forme. En « apprenant à apprendre » de quoi nous sommes fait, nous devenons mieux en mesure d'opter pour la lumière et la connaissance. Ce triomphe intérieur met fin à tous nos combats.

* * *

Question : Je me penche depuis pas mal de temps sur ces questions, mais, en dépit d'une certaine amélioration, je suis toujours moi. Je suis encore déçu. Je suis encore dupe des autres. Les gens s'appliquent à nous trahir, et je ne me sens pas la force d'affronter ces trahisons. En outre, ce n'est pas facile pour moi d'admettre que *je* ne suis pas toujours la personne que je prétends être. Si au moins je pouvais être sûr que tout cela aura un dénouement heureux.

Réponse : Cher D. B.,

Nous devons trébucher plusieurs fois avant de parvenir à comprendre la nature de ce qui nous bouleverse... car nos problèmes sont internes et nous sont encore inconnus, que nous les percevions ou non ainsi en ce moment. Et puisque nos souffrances prennent leur source dans l'inconscience, la seule solution réside dans l'éveil à une conscience supérieure. Voilà pourquoi il est si important que nous persistions dans notre quête intérieure. C'est seulement par la persistance délibérée que nous pourrons profiter de ces leçons, car rien d'autre ne nous les prodiguera. D., *il est possible* de recevoir cet enseignement et d'en récolter des bienfaits.

Personne n'a jamais prétendu que la voie intérieure n'était pas semée d'embûches. Quiconque l'a dit n'y a jamais mis le pied ou s'est contenté d'en rêver. Pourtant, rien n'est plus facile que de se voir tel que l'on est… du moment que l'on cesse de faire semblant. C'est alors que la vraie voie s'offre à nous. En lâchant prise, nous recevons la nouvelle vie que nous avons toujours désirée. C'est là un grand mystère, en effet. Mais un mystère que l'on peut percer afin d'y puiser un trésor.

* * *

Question : Quand je lis vos livres, une part de moi pressent la vérité qu'ils contiennent, mais parfois tout me semble si difficile. Je me demande : « Pourquoi dois-je affronter autant d'aspects négatifs de moi-même ? » C'est si humiliant, si douloureux ! N'y a-t-il pas un moyen plus simple d'y parvenir ?

Réponse : Cher M. R.,

Votre souffrance n'est pas telle que vous l'imaginez. Elle *semble* causée par votre étude de ces idées nouvelles. Mais efforcez-vous de vous rappeler ce qui suit : l'angoisse que vous éprouvez en travaillant sur vous-même ou en réfléchissant à une idée nouvelle *n'est pas due* à ces idées. Cette souffrance appartient à – et provient de – ce niveau de votre être qui résiste, qui refuse d'accepter ce que ces leçons vous révéleraient sur vous-même. Une étude plus approfondie démontre que notre angoisse *prouve* que nous avons pris le mauvais parti dans ce combat intérieur. Notre souffrance *ne prouve pas* que nous détenons la vérité ; elle montre plutôt que nous ne nous comprenons pas, et que nous ne comprenons pas la situation qui est la nôtre. Persistez !

* * *

Question : La décision que je dois prendre me tourmente énormément. Comment faire pour connaître d'avance la voie à prendre ? Je ne veux pas me tromper, et ma fille me pousse à agir. Comment évaluer mes options et trouver la réponse ? Est-ce que je connais les choix qui s'offrent à moi ?

Réponse : Chère N. N.,

Notre qualité de vie ne se fonde pas sur ce que nous choisissons de faire ou de ne pas faire ; c'est l'état d'esprit qui nous anime *de fois en fois* qui nous rend tel que nous sommes et qui détermine notre façon d'appréhender la vie. Lorsque nous comprenons cela, nous devenons libre de faire des « choix conscients », car petit à petit nous découvrons que la seule chose que nous ayons à affronter, c'est *nous-même*.

Chapitre deux – Laissez le vrai vous aider à dépasser vos problèmes

Quand nous comprenons que la vie ne se résume pas à un interminable chapelet de combats, nous invitons le pouvoir de guérison du vrai. Quand nous pouvons dire en toute franchise : « Je ne comprends pas ma douleur », le vrai parvient à nous ouvrir à une conscience supérieure qui « redresse le chemin ». Toute circonstance en apparence douloureuse n'est plus qu'un amalgame provisoire de facteurs, dont notre propre perception des choses n'est pas le moindre. Tout change avec le temps, d'où cette maxime : « Tout vient à passer. » Quand nous cessons d'accorder de la valeur au sentiment d'exister que nous procure la souffrance et que nous cessons de contribuer inconsciemment à sa perpétuation, le problème se résout de lui-même. Notre développement spirituel transforme nos circonstances extérieures.

* * *

Question : Je me décarcasse pour « faire un succès de ma vie », mais je me heurte toujours à un mur de brique. Chaque fois que je suis sur le point de parvenir au succès, quelque chose vient détruire mes projets. Je commence à croire que c'est ma faute, mais si c'est le cas, je dois être un vrai raté. Est-ce mal de vouloir réussir ? Pourquoi dois-je toujours saboter mes propres ambitions ?

Réponse : Mon cher ami,

Oui, il y a des réponses à vos questionnements, des réponses solides, complètes, capables de mettre fin à vos frustrations. Mais ces réponses, vous les trouverez en vous-même, *au-dessus du chaos*. Quand vous aurez compris ce principe fondamental, vous vous efforcerez de découvrir des moyens pour développer votre conscience. Car nous le savons : les obstacles que nous affrontons, nos blocages intérieurs, reflètent notre vie « présente ». Lorsque nous nous hissons au-dessus d'eux, ils disparaissent.

Vous avez sûrement pu constater que, plus vous vous efforcez de réussir, plus le succès vous échappe. Il y a des raisons à ce phénomène, des raisons qui, une fois comprises, nous libèrent de nos frustrations et, paradoxalement, nous apportent ce que nous avions toujours désiré !

* * *

Question : Si je comprends bien vos livres, nous ne devrions pas laisser notre situation financière nous inquiéter. Mais dans la pratique, je ne vois pas comment cela est possible. Récemment, j'ai pris de mauvaises décisions en affaires, et il se pourrait bien que je perde tout ce que j'ai mis des années à construire. J'aurais dû être plus prudent. Quand je vois ça avec le recul, je ne sais pas ce qui m'a pris. Maintenant, je n'ai plus confiance en moi-même et j'en viens à me demander si j'ai jamais su veiller sur mon bien-être et sur celui de mon entourage.

Je devine que la réponse réside dans la spiritualité, mais je ne sais pas comment appliquer la spiritualité à ma situation. Comment une « idée » peut-elle nous venir en aide quand nous nous rendons compte que nous ne pouvons pas combler les besoins les plus élémentaires de notre famille ? Je suppose que j'ai toujours pensé que l'argent m'apporterait la sécurité. Maintenant que je cours à la ruine, j'ai peur.

Réponse : Cher J.,

Primo, votre vulnérabilité montre que vous commencez à vous réveiller un tout petit peu. À mesure qu'un homme prend conscience de l'humiliante vérité concernant son niveau de développement, il comprend aussi qu'il ne domine nullement la situation... sinon en tentant de justifier ses défaillances. Ainsi, en constatant que vous ne pouvez pas compter sur les garanties que vous vous étiez données, vous apprenez à compter sur une aide supérieure qui ne vous laissera pas tomber au moment crucial. C'est le but de notre enseignement !

En ce qui concerne la peur de manquer d'argent, etc., vous devez pourvoir aux *besoins* de votre famille. Vous en êtes responsable. Mais... d'autre part... posez-vous la question suivante : le fait de posséder ce dont j'ai le plus peur de manquer fera-t-il de moi un homme sans peur ? La réponse est un « non ! » retentissant. Mais que nous apprend cette découverte ?

Qu'importe ce que nous possédons si nous avons toujours peur d'en manquer... « en » mis pour l'argent, l'approbation, la famille, les amitiés, etc. Nous devons nous lasser d'avoir peur de perdre ce qui ne nous empêche pas d'avoir peur. *Notre problème, c'est la peur elle-même*, non pas *l'objet* que cette peur nous dit de posséder afin d'être en possession de nous-même. Réfléchissez à ce principe et découvrez-en la force cachée.

* * *

Question : Eh bien, Guy, je suis heureux de vous annoncer que tout semble aller comme sur des roulettes. Tous mes problèmes professionnels se sont aplanis, et j'ai rencontré une femme qui a une tête sur les épaules. Mais je ne veux pas glisser dans la complaisance. Un conseil ?

Réponse : Cher J. P.,

Heureux d'apprendre que tout va bien. Il y a deux moments dans la vie d'un homme où il doit se concentrer sur sa recherche spirituelle : quand tout semble aller pour le mieux, et quand tout va mal. En d'autres termes, ne permettez pas à la chance – ou au malheur – de vous détourner de votre objet. *Tout* est en constante mutation. Seul le vrai nous sourit.

Chapitre trois — Des moyens positifs
pour se défaire des esprits malins

Les états d'esprit négatifs sont des esprits auto-stoppeurs qui s'emparent à notre insu de notre psychisme. Quand ils ont pris possession de nous, nous les acceptons et nous veillons inconsciemment sur leur bien-être, car ils nous procurent le sentiment d'exister. En leur prêtant attention, nous leur insufflons notre énergie vitale et nous nous efforçons de justifier leur existence. Ce que nous détestons et ce qui nous fait peur n'existe pas, ce sont nos pensées qui jugent mauvaise une situation donnée, qui créent l'ennemi de toutes pièces. Nous pouvons nous libérer de cette fascination qu'exercent sur nous les esprits auto-stoppeurs et ne voir en eux que des moments transitoires. Il ne sert à rien de les combattre ou de leur céder, il suffit de nous réveiller et de nous taire en leur présence. Ainsi, en refusant d'insuffler nos forces à ces ennemis que nous avons créés, ils disparaissent d'eux-mêmes.

* * *

Question : [L'auteur de cette lettre commence par raconter comment il a perdu beaucoup d'argent en concluant un marché de dupes.] J'ai honte de l'avouer, mais la colère et le ressentiment m'envahissent — deux émotions dont je croyais m'être enfin débarrassé. J'ai du mal à croire que je me suis laissé duper par ces deux escrocs, du mal à croire que des types que je croyais être des amis aient pu voler l'héritage de mes enfants. Je suis miné par la rage, la culpabilité et l'inquiétude. Qu'adviendra-t-il de mes enfants ? Tout cela me tue. Que feriez-vous à ma place ?

Réponse : Cher Dr H.,

Je ne connais pas les mots ou les philosophies qui pourraient vous réconforter en ce moment difficile. Mais vous me demandez ce que je ferais à votre place. Pour commencer, je rassemblerais tout mon courage et, coûte que coûte, je refuserais de m'apitoyer sur mon sort.

Ensuite, je repartirais de zéro, quoi qu'il m'en coûte. Aucun pouvoir sur terre ne peut venir à bout d'une telle détermination.

Puis, au lieu de me désespérer d'avoir subi ces pertes, je me pencherais sur moi-même pour découvrir pourquoi je pense n'avoir qu'une valeur pécuniaire ou matérielle, et je m'efforcerais de me désintéresser de cette partie de moi qui usurpe mon nom.

La haine d'un être ou d'une chose détruit celui qui hait. C'est là une loi spirituelle incontournable. Je ferais tout en mon pouvoir pour apaiser mon ressentiment en comprenant qu'il ne sert qu'à dilapider une énergie qui gagnerait à être mieux employée.

Enfin, je réfléchirais sérieusement non pas à ce dont mes enfants seront privés, mais à ce que je peux leur transmettre par mon exemple. Si difficile que cela soit, je leur démontrerais le plus clairement possible par mes actes qu'un homme n'est pas la somme de ses biens, mais la somme de ce qui le possède. Et puisqu'il est impossible de choisir son possesseur, il convient de refuser d'être la proie de noirs esprits et, ainsi, d'inviter, aussi souvent que nécessaire, ce qui est juste et vrai pour soi.

* * *

Question : On dirait que, chaque fois que je m'approche du but, le défaitisme s'empare de moi. Je faiblis, je me sens encore moins capable qu'auparavant de réaliser quelque chose. Par exemple, je me suis sentie bien pendant quelques jours, puis, brusquement, je suis devenue la proie d'une dépression profonde. Je n'ai pu entrer en moi-même ni même lire un livre pendant plusieurs jours. Je me demande si c'est sans espoir, si je ne ferais pas mieux de renoncer à ma quête.

Réponse : Chère S. S.,

Permettez-moi de vous dire d'abord que, si des forces positives nous viennent en aide dans notre quête de liberté spirituelle, d'autres mettent tout en œuvre pour entraver notre succès. Ces forces antispirituelles tentent de nous faire obstacle, car si nous accédons à la liberté spirituelle, elles meurent de leur belle mort.

Ne vous inquiétez pas – ou inquiétez-vous le moins possible – de ce qui se dresse sur votre route. Je sais, ce n'est guère facile, mais ne perdez pas le vrai de vue et n'obéissez pas aux forces négatives en regardant ce qu'elles veulent vous faire voir. Le défaitisme que nous ressentons sur le chemin de la vérité est le résultat des efforts que déploient les ténèbres pour nous faire rebrousser chemin. Je sais que c'est vrai. Vous le saurez aussi, si vous persistez. Rien de vrai ne peut vous faire obstacle, car tout ce qui *est* vrai souhaite que vous réussissiez.

N'oubliez jamais ce qui suit: tous nos sentiments négatifs sont des illusions, ils n'ont aucun pouvoir en eux-mêmes. Mais la seule façon pour nous d'apprendre ce secret, de connaître la vérité qui nous libérera, consiste à défier le défaitisme grâce à une connaissance supérieure de sa vraie nature.

* * *

Question: Mon fils me rend folle! Je ne peux plus le contrôler. Je m'efforce d'être une mère aimante, mais il y a des limites à ce que je peux endurer. Tôt ou tard, il pose un geste qui met ma patience à l'épreuve, et j'éclate. Naturellement, je culpabilise aussitôt. Ses instituteurs m'écrivent sans cesse pour me faire part du problème, mais toutes leurs initiatives ne font qu'empirer la situation. Ils le laissent faire, du moment qu'il ne blesse pas un autre enfant, si bien qu'à la fin de la semaine, il est devenu incontrôlable. J'ai consulté des livres sur le sujet, mais certains nous disent d'être plus tolérant (ce qui ne fonctionne pas), d'autres préconisent la rigueur (ce qui me culpabilise). Je suis au bout du rouleau. Existe-t-il une solution?

Réponse: Chère D. F.,

À vrai dire, on ne peut donner que ce que l'on a.

Pour la plupart, les pseudo-enseignants adoptent devant ces problèmes de comportement une attitude névrotique... En d'autres termes, ils ne connaissent rien aux noirs esprits. Si bien que, incapables de se venir en aide à eux-mêmes, sinon en se souvenant de la façon dont ils ont été traités lorsqu'ils avaient le même âge que votre fils, ils adoptent une attitude contraire à celle qui s'est révélée inefficace dans leur cas. Or, rien ne saurait apaiser une situation créée par son contraire.

Tous les enfants ont besoin de discipline. Mais cela ne veut pas dire qu'*on doive les punir* en mettant à contribution nos états négatifs. On *peut* se montrer strict sans violence, les corriger fermement, exiger d'eux un comportement correct. Quand nous voulons apprendre à nos enfants à acquérir de vraies valeurs, nous faisons fausse route si, le moment venu pour nous d'*être* dans le vrai, nous continuons d'héberger *en nous-même* de fausses valeurs : la colère, la peur, le ressentiment. Vous connaissez la chanson. Au lieu d'affronter nos propres faiblesses, nous acceptons celles de nos enfants et nous nous persuadons que tout ira bien puisque nous leur prouvons notre amour en les laissant se débrouiller tout seuls. Comprenez-moi bien. Nous devons accepter qu'un enfant ne soit pas parfait. En revanche, l'enfant ne doit pas s'imaginer que ses faiblesses ou que son défaitisme sont nécessaires. Mais que voulez-vous qu'il fasse si nous-même accordons de l'importance à ces défaillances ?

Chapitre quatre – Affrontez votre ennemi intime et triomphez de lui

Un individu ne se compose pas d'un seul être, mais de plusieurs. À mesure que nous nous identifions aux différents «je» qui occupent le devant de la scène, nous pensons à tort qu'*ils* sont nous. En réalité, chacun de ces moi n'est que le produit de la conjonction provisoire de plusieurs éléments. Ces moi changeants, ce faux sentiment d'identité, sont le produit incessant de nos conditionnements. J'appelle chacun de ces «je» fluctuants la «Personne Provisoirement en Charge», ou PPC. Les PPC surgissent pour gérer une question que «perçoit» le faux moi, mais ces situations ne sont rien d'autre qu'une interprétation de la vie, interprétation qui résulte de nos réflexes conditionnés. Une PPC n'a aucune permanence. Elle change à mesure que change notre rapport au faux moi. La clé de la transformation du faux moi réside dans notre compréhension de ce principe. À mesure que nous prenons conscience des PPC, elles disparaissent et font place peu à peu à quelque chose de vrai et de permanent qui sourd de l'intérieur.

* * *

Question : J'espérais que l'âge me rendrait la vie plus facile, mais chaque jour je dois faire face à des problèmes professionnels. On exige énormément de moi, et je ne sais plus comment agir ni quand réagir. Plus je m'efforce de corriger la situation, plus elle se complique. Rien ne s'arrange. Un problème qui s'estompe est aussitôt remplacé par un autre. J'ai toujours cru savoir résoudre les conflits, et maintenant, je me demande si le vrai problème, ce n'est pas moi !

Réponse : Chère E. R.,

Le vrai problème n'est pas que « nous ne savons pas comment agir ni quand réagir ». Le problème, c'est que nous ne *savons pas* vraiment comment nous nous persuadons d'agir. C'est là une question fondamentale, une question spirituelle que seule peut résoudre la connaissance de soi, car la connaissance de soi nous apprend que, puisque nous ne sommes pas tel que nous croyions être, nos problèmes (qui naissent de la pensée) ne sont pas non plus tels que nous les voyions. Ce n'est pas simple, je sais, mais il est préférable de vivre là où les luttes, les conflits n'existent pas, plutôt que de prendre parti. Voilà le vrai triomphe. Un triomphe absolu.

Remarque : le faux moi perçoit une menace dans la véritable découverte spirituelle. Nous devons tôt ou tard découvrir que nos pensées – ce que nous croyons être nos pensées – sont la cause de notre confusion et non pas un remède à cette confusion. Quand cela nous devient clair, et seulement alors, la pensée – accompagnée de tous les doutes qu'elle soulève – assume sa vraie place dans notre vie. Elle se met à notre service et cesse de nous dominer.

* * *

Question : Je suis bien décidée à faire ce que vous dites et à me «réveiller». Jusqu'à présent, il ne s'est rien passé de remarquable. Est-ce que je fais fausse route ?

Réponse : Chère R. A.,

On ne saurait faire de véritables découvertes spirituelles et atteindre la paix qui en découle sans d'abord connaître ce qui est en notre pouvoir et ce qui échappe à notre contrôle. Un individu ne saurait créer le bien-être auquel il aspire par la seule force de sa volonté. C'est ici que les choses se compliquent pour la plupart des gens. Lorsqu'un individu comprend ce qu'il peut et ne peut faire, il commence à lâcher prise. À mesure qu'il comprend la nature de son activité cérébrale et qu'il la nie, son cerveau commence à lâcher prise... l'individu commence alors à s'éveiller au vrai... et ouvre ainsi la porte à d'inimaginables bienfaits. Persistez ! Il y a une porte de sortie.

* * *

Question : J'ai toujours voulu observer les règles du jeu, mais celles-ci changent continuellement. Pendant des années, je me suis consacrée à ma carrière, et ma famille en a subi les conséquences. Puis, j'ai fondé une seconde famille. Maintenant, mon énergie est si dispersée, que je ne parviens à rien faire correctement. Je n'ai rien reçu de ce que j'attendais. Je n'ai pas plus l'impression d'avoir ma vie en main que lorsque j'avais seize ans. J'ai entrepris cette «quête spirituelle», mais elle se heurte à tous les autres domaines de ma vie. J'essaie toujours d'atteindre une sorte de «terre promise», mais plus je m'y efforce, plus elle m'échappe. Je commence à croire que je ne trouverai jamais le droit chemin.

Réponse : Chère P. V.,

Je vais reformuler votre question – que tout chercheur sincère doit un jour se poser s'il veut parvenir à la vraie libération : «Pourquoi suis-je toujours à la recherche d'un refuge ?»

Il est rare que l'on se pose une telle question. Il est encore plus rare que l'esprit qui se demande «pourquoi» il agit comme il agit, réfléchisse éventuellement aux conséquences de ses intuitions. En fait, plus il est conscient de cette contradiction, plus il (le faux moi) en est terrifié. Ce qui signifie beaucoup, beaucoup de choses qui, toutes, méritent d'être étudiées. Par exemple, « Un royaume divisé ne saurait subsister » – ce qui veut dire, dans les circonstances, que votre sensation de « tourner en rond » provient d'un aspect de vous-même qui se trouve en conflit avec celui qui vous pousse à « trouver un refuge ». Pourquoi ? Parce que le faux moi veut perpétuer ses rêves autocomplaisants et persister. Bien entendu, ce moi imbécile oublie complètement que, non seulement il n'a aucun avenir, mais encore n'a-t-il aucune existence réelle.

J'ai découvert que, le plus souvent, lorsque semble s'être produite une révélation, surtout si cette révélation menace la « structure connue du moi », il s'agit d'une révélation authentique, un éclairement réel. La peur qui s'ensuit, ces voix intérieures qui s'acharnent à réduire cette découverte à néant en lui opposant un barrage de rationalisation, ne sont que les vieux réflexes de notre moi complaisant qui s'efforce de nous maintenir dans l'ignorance. Permettez au vrai de vous guider. Pour emboîter le pas à la lumière de la révélation, il suffit de tourner le dos aux ténèbres.

* * *

Question : Je ne parviens pas à lâcher prise. Je trouve toujours des solutions, et je ne peux m'en empêcher. Sur le coup, les solutions que je trouve me paraissent sensées, mais au bout du compte, mes problèmes sont pires qu'avant.

Réponse : Chère M. M.,

Le vrai problème réside dans la ténacité de la pensée. La pensée se reproduit sans cesse, elle se réincarne, elle perpétue sa vie temporaire. Nos pensées se rejoignent les unes les autres par association d'idées comme dans un projet domiciliaire dont les habitants ne s'entendent pas mais refusent de déménager par crainte de perdre le sentiment de sécurité que leur confère ce faux esprit de famille. C'est pourquoi nous devons apprendre à détester nos pensées, car c'est en les détestant que nous développerons le discernement nécessaire au détachement, le discernement qui nous fera lâcher prise.

* * *

Question : Je n'ai plus confiance en moi. J'ai peur de faire un pas. J'ai cru que si je m'efforçais de trouver Dieu, ma vie aurait un sens, rien de moins ! Ai-je fait fausse route ?

Réponse : Cher A. C.,

À peu près personne ne comprend que l'éclairement est toujours précédé de ce que le faux moi interprète comme la venue des ténèbres. Cette phase est inévitable ; on ne doit pas l'appréhender, mais bien y pénétrer de plein gré : on verra alors qu'il ne s'agit pas de ténèbres, mais de lumière. C'est là le grand mystère que seule peut « résoudre » une quête consciente. Remettez votre cœur entre les mains du vrai. Le vrai saura s'en occuper. Quand vous comprendrez cela, vous vous engagerez dans la plus merveilleuse des aventures humaines.

Chapitre cinq – Libérez-vous de vos réflexes douloureux

Nous croyons être victime de circonstances qui nous dépassent. En réalité, c'est le point de vue des PPC qui rend ces circonstances douloureuses. Un point de vue différent peut les transformer complètement. Comme l'histoire le démontre, les gens qui s'efforcent de puiser un enseignement dans les vicissitudes de l'existence semblent toujours se hisser au-dessus de l'adversité et élever leur vie. Le premier pas consiste à mettre nos tourments en doute. Par exemple, nous souffrons de l'impermanence des choses. Quand nous constatons que nous nous sommes trompé dans notre quête de permanence, nous pouvons accéder à un plan supérieur où la permanence devient vraiment possible. Un autre exemple : nous portons le fardeau des responsabilités que nous nous sommes données, car nous sommes persuadé que nous avons le pouvoir et le devoir de contrôler notre vie. Ce tourment s'estompe quand nous nous rendons compte que nous n'avons pas pour tâche de contrôler notre existence, mais seulement celle de permettre à notre conscience supérieure de comprendre la vie.

* * *

Question : Je voudrais que le vrai prenne possession de ma vie. J'apprécie vos ouvrages, car ils me font croire que c'est possible. Ils allument une étincelle en moi, mais celle-ci s'éteint aussitôt. Je ne parviens pas à perpétuer ce bien-être dans ma vie quotidienne. Je traîne avec moi mes vieilles déceptions et mes vieux ressentiments. Parfois, une journée entière s'écoule sans que je réfléchisse au vrai tellement je suis la proie de l'inquiétude. Je me demande si vos propos se concrétiseront jamais. J'ai souvent l'impression d'être « du bois vert ». Quoi que je fasse, je ne m'embraserai jamais.

Réponse : Cher C. R.,

Notre moi actuel est heureux dans son malheur. Je sais, cela vous semble à la fois bizarre et impossible, mais croyez-moi, c'est vrai. L'incessant mécontentement lui (nous) offre un terrain où ses (nos) pensées et même ses (nos) actes pourront déambuler à loisir. Vous savez que cette errance ne conduit nulle part. Mais voici en quoi cet exemple s'applique à votre question.

Le faux moi possède sa propre nature, son « antivie ». Il n'est nullement disposé à accueillir la connaissance ou à accepter les actes qui prouveront qu'il n'est qu'une ombre, qu'une imitation de vie. C'est vrai que nous avons parfois l'impression de n'être que du bois vert, mais il est vrai aussi que sous ces années de duperie concernant la vraie nature de la vie se cache un « bon bois sec » qui s'enflammera si on l'expose suffisamment à la flamme de la conscience supérieure ! Puis, la roue se remet à tourner, mais à un niveau plus profond. Voilà pourquoi vous devez persister.

* * *

Question : Pourquoi faut-il que les gens soient si cruels ? Je n'ai pas de mots pour décrire la peine et la déception que j'éprouve à la suite de ces événements (décrits plus haut en détail). Je n'en comprends pas les raisons. La décence, la loyauté n'existent-elles donc pas ? Pourquoi faut-il que tant de gens ne « pensent qu'à eux ? » Y a-t-il de l'espoir pour le genre humain ?

Réponse : Salut, D.

Si triste soit-elle, votre histoire de trahison et de défaite est plus courante que vous ne le pensez. La race humaine, vous serez estomaquée de vous en rendre compte un jour, est et demeure inutilement pitoyable. Dans un monde où domine la peur, il n'y a pas lieu de s'étonner si chacun conspire et manigance afin de jouir d'un sentiment de sécurité qui s'écroule (de l'intérieur) dès l'instant où il s'adonne à ses premières manipulations. Mais pour ceux qui aspirent à une vie supérieure, voici la vraie réponse. « Oubliez le passé. » Nous avons tous, vous commencez à le comprendre, mieux à faire que de le ruminer.

* * *

Question : Je suis très amère parce que mon mari refuse de cesser de boire pour sauver notre mariage. Depuis six mois, je menace de le quitter, mais cela n'a aucun effet. Je lui en veux terriblement de me faire ça, de m'imposer un tel tourment. Si au moins il consentait à faire un effort ! Je n'envisageais pas une telle vie. Je voulais une petite maison blanche à volets verts. La réalité est bien différente. J'aimerais que le problème se volatilise, mais je sais que ça ne sert à rien de l'espérer. Si j'arrêtais de croire que tout finira par s'arranger, je pourrais sans doute recommencer ma vie.

Réponse : Chère C. M.,

Un de nos plus grands problèmes à tous, dont nous rendons les autres responsables, ne les concerne absolument pas. Nous ne cherchons pas au bon endroit l'amour qui, selon nous, devrait nous combler. Quand on nous trahit, nous ne souffrons pas à cause de cette trahison, mais parce que nos espoirs de connaître un jour le véritable amour s'écroulent. Nous sommes déçu, nous sommes en deuil parce que nous comprenons que nous avons une fois de plus cherché la permanence dans le provisoire.

Faire l'expérience de ces tourments et des découvertes qui en découlent ne signifie pas qu'on doive renoncer à l'être aimé. Mais on doit laisser la vie nous apprendre ce qu'elle s'efforce de nous apprendre. Le fait de refuser les leçons de la vie ne les fera pas disparaître. Au contraire, notre souffrance n'en sera que plus grande, jusqu'à ce que nous n'en puissions plus... jusqu'à ce que nous tournions le dos à ce qui nous fait souffrir... pour découvrir plus tard que rien n'a changé, car notre niveau inférieur de conscience était à l'origine du problème. Le plus difficile en période de crise consiste à demander au vrai de nous apprendre ce que nous devrions connaître de *nous-même*. Faites-le, malgré tout !

Chapitre six – Votre victoire intérieure triomphe de tout

On ne grandit pas spirituellement sans effort et en l'absence d'un grand désir de puiser des enseignements dans nos expériences. Nous freinons ce processus régénérateur quand nous restons sur la défensive et que nous refusons d'avouer nos erreurs. Nous commençons à nous transformer lorsque nous cessons de rendre le vrai responsable de nos tourments, que nous admettons que nos problèmes puissent prendre leur source dans nos connaissances lacunaires, que nous apprenons nos leçons. Par exemple, comme le petit garçon dans l'histoire de la « maison hantée », en nous penchant sur nous-même nous comprenons que nous n'avons rien à craindre de ce qui vit en nous. Rien ne nous oblige à entériner les interprétations défaitistes des PPC. Auparavant, nous montions dans des carrosses émotionnels qui nous emportaient où bon leur semblait. Mais nous pouvons transformer un comportement aussi traître en faisant une « pause psychique ». Même si nous ne nous réveillons qu'après être devenu la proie d'une émotion qui nous emporte au grand galop, il est inutile de chercher à la combattre. Il suffit de nous réveiller. Quand nous remportons notre victoire intérieure, aucun état d'esprit, aucune circonstance ne peut nous subjuguer.

* * *

Question : Je dois être bien entêté. Voilà quarante-trois ans que je pourchasse un rêve après l'autre. J'observe les gens et je me dis qu'ils doivent posséder quelque chose que je n'ai pas. Je pars en quête de ce qu'ils ont, persuadé que, cette fois, ça marchera. Et peu importe le nombre de fois où je reviens déçu de ces échappées, je recommence à la première occasion. M'arrêterai-je jamais de courir ? J'ai beau savoir que ce que vous dites est vrai, que je dois cesser de chercher ce genre de réponse, quelque chose m'y pousse. Je suis sûr que le bonheur existe quelque part. Que puis-je faire pour posséder cet anneau de cuivre ? Par quoi suis-je aveuglé ?

Réponse : Cher K. R.,

Ainsi que l'écrivait Shakespeare : «Le monde est un théâtre dont nous sommes tous les acteurs.» L'ennui est que personne ne sait qu'il joue un rôle ! Nul n'est conscient de l'écart entre le bonheur qu'il affiche devant les autres (et dans l'intimité de son théâtre intérieur plongé dans la pénombre) et la souffrance qui le tourmente dans la réalité.

Voilà pourquoi la nature humaine est si inconcevable, si dégénérée sur le plan spirituel. Mais dans ce grand paradoxe spirituel qu'est la conscience supérieure ou la renaissance, c'est lorsque nous constatons ce manque, ce sommeil psychique qui nous enveloppe, que nous commençons enfin à nous réveiller. Pour que prenne fin notre cauchemar, il doit d'abord nous bouleverser. Demandez au vrai de vous tirer de votre sommeil !

* * *

Question : Avant tout, je dois vous remercier. Vous m'avez aidée à prendre conscience de mes erreurs et à réfléchir aux principes que vous mettez de l'avant. Mais je ne suis pas encore très forte, et maintenant que je traverse un épouvantable divorce, je ne parviens pas à me dominer. J'aimerais parvenir à la noblesse que vous décrivez dans vos livres, mais j'agis comme une imbécile. J'affronterai bientôt mon mari en cour, et j'ai peur de perdre les pédales, de découvrir des aspects de moi-même qui me répugnent. Mon mari sait parfaitement bien me pousser à bout, et je trouverais injuste qu'il s'en tire avec les honneurs de la guerre. Comment faire pour m'élever au-dessus de tout cela quand au fin fond de moi tout mon être crie vengeance ?

Réponse : Chère D. L.,

Rien ne m'enchante autant que de savoir que, dans sa quête du vrai, une personne commence à découvrir l'être qu'elle est en réalité. C'est là le but de notre passage sur terre : redécouvrir notre vraie vie, notre vie originelle, celle qui prend sa source dans l'esprit. Mais *trouver* cette voie et *emprunter* cette voie sont deux choses bien différentes : votre lettre me donne à penser que vous voilà en train de prendre conscience de cette vérité. Votre question, «Comment faire pour m'élever au-dessus de tout cela?», est on ne peut plus normale quand on est confronté à la mesquinerie, mais pour trouver la réponse, il vous faudra subir l'épreuve du feu – et je ne parle pas des tribulations qui vous attendent au tribunal !

En dépit des apparences, il n'y a qu'une épreuve du feu, toujours la même. Rien d'autre que nos attentes ne nous bouleverse dans cette vie. Voici deux questions que vous seriez bien avisée de vous poser chaque jour.

En premier lieu, est-il logique que je m'enflamme aussi parce que quelqu'un d'autre, peu importe qui et quelles que soient ses raisons, insiste pour brûler ? Si une autre personne se consume à la flamme de ses idées et de ses émotions, quel besoin ai-je d'ajouter à son tourment ? Ou de lui montrer qu'elle fait fausse route ? Surtout quand elle insiste pour se réduire en cendres ? D., soyez aussi vraie que possible, faites ce que vous avez à faire sans vous consumer, et recommencez votre vie. Vous ne pourrez pas jouir de l'avenir si vous vous accrochez au passé.

Lâcher prise signifie subir l'épreuve du feu, se jeter dans la fosse aux lions. Nous devons obéir au vrai même si cela signe l'arrêt de mort de la personne que nous avons toujours été. Faites-le ! Vous recevrez l'aide dont vous avez besoin pour réussir. Le vrai vous en donne sa parole.

* * *

Question : Certains problèmes ne se résolvent tout simplement pas par une attitude différente. Comment agir quand une autre personne se met en quatre pour vous faire la vie dure ? J'aime ma femme, et je crois qu'elle m'aime aussi, mais elle est parfois très cruelle et déplaisante. Elle sait comment me blesser, et même si je parviens à me transformer, elle persistera. En quoi le fait d'être sur mes gardes la changera-t-elle ?

Réponse : Cher J. W.,

Nous persistons dans nos relations destructrices tant que nous croyons pouvoir en tirer quelque chose. Votre problème, ce n'est pas votre femme, bien que les personnes violentes blessent réellement leur entourage et se blessent aussi elles-mêmes. Tant que vous penserez qu'elle est la cause de vos malheurs, vous ne pourrez pas transformer votre vie.

Rien n'est plus important que votre volonté d'accéder à une vie nouvelle, à la vraie liberté. Refusez les compromis, et vous pouvez être certain que, *quelles que soient les questions que vous inspirera votre quête spirituelle, l'Esprit qui vous a conduit au point où vous en êtes y répondra.* Persistez dans vos études. Vous verrez bientôt, et de plus en plus, que la transformation de votre vie est directement proportionnelle à votre compréhension des raisons de votre passage ici-bas, notamment votre désir d'élévation spirituelle. Au fur et à mesure de vos progrès, vous comprendrez ce qui, jusque-là, *vous avait échappé*: le vent de la plaine ne peut déraciner les arbres des montagnes.

Chapitre sept – Sachez reconquérir votre vie

Il est possible de découvrir en soi une force intérieure qui l'emporte sur nos PPC exigeantes et irritables, et sur leur combat perpétuel contre le vrai. Deux méthodes très efficaces peuvent nous aider dans cette découverte. La première consiste à comprendre que passer sa vie sur un champ de bataille est insensé, puis à demander un transfert spirituel. Par ce transfert spirituel, on remet son sort entre les mains d'une puissance supérieure. Cela devient possible dès que nous comprenons combien il est futile de croire que nous remporterons la victoire en nous battant. La seconde nous apprend à trouver un abri sûr, comme le Vaillant bélier Michel. La clé de ce processus réside dans une orientation claire et dans une détermination farouche de parvenir à la vie supérieure. Cet objectif spirituel compte alors beaucoup plus à nos yeux que les fragiles victoires que nous pourrions remporter au front.

* * *

Question : Quand je m'observe, je constate que la colère prévaut en moi. Elle est indélogeable. Je me surprends souvent à « me faire du cinéma », comme vous dites, quand je me remémore les cruautés et les injustices subies. Je sais que cette complaisance ne m'apporte rien de valable, mais je me sens impuissant à combattre les pensées qui m'assaillent. Que faire ? Je suis vraiment lassé de ce maelström d'émotions.

Réponse : Cher G. C.,

Vous savez déjà (votre lettre est claire là-dessus) que la colère vous détruit. Elle le fait, et elle continuera de le faire. Vous savez aussi, et cela est tout à votre honneur spirituel, que rien ne justifie le défaitisme perpétuel qui vous anime quand vous succombez à l'hostilité. Puisque vous voilà lassé de confier votre vie à ces états psychiques dévastateurs, vous êtes prêt pour un changement. Voici comment vous pourrez renverser ce qui vous renverse.

La prochaine fois que vous vous sentirez envahi par la colère, soit en pensée au moment de vous remémorer un souvenir déplaisant, soit dans les faits quand vous serez en situation de conflit, réagissez comme suit, le plus tôt possible : admettez que vous êtes sous l'emprise d'un élément étranger à votre vraie nature, que cet élément s'est emparé de votre vie. Ensuite, contentez-vous de prendre conscience du fait que, provisoirement impuissant à repousser l'envahisseur, vous avez néanmoins le pouvoir de le reconnaître pour ce qu'il est, c'est-à-dire un intrus. Par cette prise de conscience ferme et sincère de votre tourment, vous placez votre problème en pleine lumière. C'est le rôle que vous avez à jouer. La lumière assumera son rôle si vous assumez le vôtre. Persistez jusqu'à ce que vous vous libériez !

* * *

Question : Vous dites que nos exigences et nos attentes nous plongent dans l'eau bouillante. Je sais que c'est vrai. J'essaie toujours de prévoir le comportement des autres et les conséquences de leurs actes. Mais ils ne font jamais ce que j'attends d'eux. Je m'en irrite et j'en suis déçue. Je devine être moi-même la cause de mes tourments. Si seulement j'étais capable de ne demander à la vie que ce qu'elle veut bien me donner, j'appréhenderais moins l'avenir. Mais j'ignore comment lâcher prise. Que faire pour me libérer de mes pensées ? Que faire pour voir la vie autrement ?

Réponse : Chère R. U.,

Vous vous affranchirez de la colère, des déceptions et des frustrations quand vous aurez compris que chercher une orientation ou puiser le sentiment d'exister dans des pensées et des émotions appréhensives équivaut à demander à un fantôme de vous indiquer la sortie d'une maison hantée. Ce qui nous amène au questionnement le plus difficile de tous : si je romps tout contact avec mes pensées et mes émotions, si je refuse de les laisser me guider, quand et comment saurai-je ce que je dois faire ?

En lâchant prise, on apprend à mourir psychologiquement à soi-même afin de permettre à une force supérieure, à une force immuable d'agir à notre place. Un tel revirement se produit quand nous apprenons à capituler en toute conscience. C'est possible. Encore faut-il en avoir assez des colères et des tensions. Notre quête spirituelle nous prépare à prendre conscience de ce que nous sommes et à nous engager sur la voie qui nous affranchira de *toutes* nos frustrations.

* * *

Question : Vous dites que nous devons vivre « maintenant », que nous devons nous efforcer de demeurer dans l'instant présent. Je m'y efforce, mais cela exige de moi un effort constant. Je cherche la sérénité, mais je ne parviens pas à la trouver. Au contraire, mon cerveau fait tout en son pouvoir pour m'en écarter. Pourquoi dois-je toujours repousser ce à quoi j'aspire ?

Réponse : Bonjour, V.

Oui, c'est juste. Idéalement, nous devrions vivre fermement ancré dans l'instant présent. Cet instant, que nous désignons par le terme *maintenant*, n'a rien de temporel. C'est un royaume inédit, intemporel, éternel. Ce royaume est en nous, en ce lieu même où réside notre vraie vie, bien que nous soyons persuadé que celle-ci existe en dehors de nous. Notre conscience du moment présent *est* le moment présent. Voilà pourquoi demeurer en éveil intérieurement équivaut à nous ancrer dans l'instant présent. Persistez ! Ce qui tente de nous arracher au moment présent, c'est notre faux moi, notre moi temporel. Quand nous cessons d'être dupe de nos pensées, quand nous lâchons prise, la permanence et une durable sérénité nous submergent.

Chapitre huit – Élargissez votre univers par l'approfondissement de soi

Ce que la vie nous donne dépend de l'objet de notre attention. Quand nous nous concentrons sur l'univers restreint de nos pensées, la beauté et les bienfaits qui nous reviennent de droit nous échappent. Le chemin de la liberté se résume à cette phrase immortelle : « Connais-toi toi-même. » L'approfondissement de soi nous aide à démasquer le moi pensant et ses PPC fugaces, et à trouver le vrai et la permanence. L'approfondissement de soi exige une sincérité totale. Nous ne devons pas nous imaginer tel que nous aimerions être, mais bien constater que nous ne sommes pas tel que nous voudrions être. Si nous permettons à l'approfondissement de soi de nous indiquer la vérité, il nous conduira vers une vie supérieure bien au-delà de toutes nos espérances. Le beau de tout ceci est que, quelles que soient la gravité ou la fréquence de nos échecs, nous pouvons toujours repartir de zéro. En effet, quand la connaissance supérieure de soi est notre unique but, nous ne saurions faillir. Chacun de nos pas nous rapproche de la victoire finale.

* * *

Question : Le chemin de ma spiritualité est tortueux. Je crois m'être prise en main pour aussitôt me rendre compte que je ne me connais pas le moins du monde. Verrai-je un jour la lumière au bout de ce tunnel ?

Réponse : Chère D. C.,

Le simple fait de réfléchir aux principes supérieurs nous conduit à une croisée des chemins, puis à une autre, puis à une autre encore. Chaque fois, nous sommes mis en face d'une voie nouvelle et des aventures, déceptions et découvertes que nous réserve notre nouvel itinéraire supérieur. Nous devons persister, car au-delà de notre situation actuelle quelque chose de plus grand nous attend toujours. Voici mon conseil : persistez. La vraie vie attend quiconque aspire à la vraie vie !

* * *

Question : J'ai besoin d'aide. Ma « quête de moi-même » ne semble pas avoir de fin, et je ne sais plus qui je suis. J'observe mes amis. Ils ignorent tout de ces principes et ils ne se posent pas de questions. Je ne dis pas qu'ils sont heureux, mais au moins, ils ne doutent pas d'eux-mêmes. Je sais que vous avez raison de dire que la vie ne se résume pas à cela, que nous pouvons aspirer à une vie meilleure. Mais quand peut-on espérer constater une amélioration ?

Réponse : Cher A. P.,

Rassurez-vous : les solutions existent. Vous les trouverez, en persistant dans votre quête spirituelle. Elles vous apporteront la paix. Ce qui nous amène au conflit que vous soulevez et aux obstacles que vous rencontrez sur le chemin de la connaissance.

Imaginez une personne qui escalade une montagne afin d'admirer le panorama qui s'étale au pied de l'autre versant. Plus elle s'approche du sommet, plus l'escalade lui semble ardue et douloureuse. Imaginez maintenant qu'elle est parvenue au sommet et qu'elle redescend tout doucement de l'autre côté en admirant le paysage. Elle se dit que l'escalade en valait la peine. Comprenez-vous ? Oui, la quête intérieure est pénible par moments, mais à d'autres moments, nos efforts sont récompensés au centuple. Qui plus est, ces récompenses spirituelles, contrairement aux récompenses terrestres, ne s'estompent jamais.

* * *

Question : Je tente sans doute de me justifier, mais il me semble parfois que si ma situation était différente mes progrès spirituels seraient plus rapides. Je suis tellement pris par mes responsabilités envers ma famille et mon travail, par mon propre désir de réussite, que je suis sans cesse distrait de mes objectifs réels. Ma femme ne me facilite pas les choses. J'essaie de lui inculquer certains principes supérieurs, mais elle ne veut rien entendre. J'ai l'impression de faire preuve, dans ma quête de spiritualité, de la même ambition excessive qui complique tant ma vie quotidienne. Je ne parviens pas à lâcher prise, ni dans un domaine ni dans l'autre. Serai-je contraint de choisir entre l'éveil de ma conscience et ma réussite professionnelle ? Comment faire un tel choix ?

Réponse : Cher J. C.,

Vous devez gagner votre vie. Où est le problème ? Faites chaque jour le nécessaire pour subvenir aux besoins de votre famille. Occupez-vous de votre femme. Ne vous attendez pas à ce qu'elle comprenne ce que vous-même ne comprenez pas encore. Mais si vous persistez dans votre quête de spiritualité, elle s'en rendra compte. Votre nouvelle personnalité lui plaira et elle vous suivra au bout du monde.

Cessez de vous battre pour trouver ce qui vous semble être un apaisement. La sérénité intérieure authentique passe par la *compréhension*. Les états supérieurs suivent tout naturellement.

Le vrai sait ce que cache le cœur de l'homme. Le rôle de ce dernier consiste à découvrir ce que le vrai connaît déjà. Pour ce faire, il doit apprendre à se connaître lui-même. Tous les lieux, toutes les situations sont propices à un tel apprentissage. Croyez-moi. Demandez au vrai de vous indiquer ce que vous devez voir, et restez à l'affût de la réalité. Vous n'aurez pas à vous occuper du reste.

Chapitre neuf – Vivre libre à la première personne

Nous souffrons de nous sentir à l'écart. Nous blâmons les circonstances extérieures pour ce sentiment d'abandon, mais celui-ci n'a en réalité qu'une seule cause : quand une PPC se replie sur elle-même pour éprouver une certaine plénitude, elle nous arrache à la réalité. En s'interposant et en interposant sa vision tordue des choses entre notre vrai moi et l'univers, cette fausse nature, notre ennemi intime, nous prive de nos facultés de compréhension et nous empêche d'agir comme nous le devrions. Mais quand nous parvenons à prendre une PPC sur le fait, nous nous affranchissons de son faux pouvoir sur nous. C'est alors que nous pouvons vivre *à la première personne* et que chaque instant devient l'instant originel qu'il a toujours été. En « agrandissant le cercle », nous rétablissons le contact entre l'individu et le vrai, c'est-à-dire Dieu. Le faux moi ne peut plus gauchir notre existence en s'efforçant de nous dominer. Il assume le rôle qui lui est dévolu, celui de serviteur du vrai moi. Il cesse d'être notre ennemi intime. Nous avons triomphé de lui.

* * *

Question : Je suis toujours pris entre l'arbre et l'écorce. Quand tout va mal, cela me frustre ; mais je ne parviens pas à dominer la situation comme je le devrais. Je trouve tentante votre méthode pour mettre fin à ce genre de difficultés. Mais j'hésite à m'engager dans la voie que vous préconisez. J'aimerais jouir de la paix qu'elle procure, mais j'ai l'impression que si je lâche prise tout s'écroulera. Si je fais le vide dans mon esprit, qui fera ce qui est à faire ? Je n'imagine pas possible de vivre sans dominer la situation.

Réponse : Cher K. H.,

Pénétrer en soi-même et apaiser son esprit n'est pas synonyme de stagnation et d'errance. Libérer l'esprit de son contenu n'a rien à voir avec le côté pratique des choses : conduire une voiture, lire un livre, préparer un repas. À bien des égards, « faire le vide » n'implique pas que l'on « fasse » quelque chose. Notre vie intérieure, nos émotions et nos pensées se libèrent quand nous devenons en mesure de constater que certains aspects de nous-même sont *à notre service* et que d'autres *nous dérobent l'essentiel*.

Nous apprenons à cohabiter avec ces aspects de nous qui sont à notre service et à orienter leurs actions. Ces aspects englobent les pensées et les sentiments qui nous aident à composer avec le quotidien, qui se souviennent de détails importants, qu'animent l'inspiration et la passion. Ces aspects de notre psychisme sont bienfaisants et nécessaires à notre vie physique. Mais leur rôle ne consiste pas uniquement à nous guider dans notre quotidien ; ils doivent aussi subvenir aux besoins supérieurs de notre esprit et de nos émotions.

D'autres aspects de nous-même ne sont pas à notre service : ils nous dérobent à nous-même. Ces pensées et ces émotions égoïstes sont celles de notre défaitisme ; elles nous inspirent nos comportements conflictuels. Notre niveau de vulnérabilité aux agissements malhonnêtes de ces intrus dépend de notre niveau de développement spirituel. L'important est ceci : en prenant conscience de ces entités passionnées et dévoreuses, nous constatons que nous leur avons permis à notre insu de s'installer en nous. Plus précisément, notre cerveau «s'éveille» à ses propres contradictions. Ce faisant, il met fin au processus qu'il a lui-même créé ou dont il a permis le déroulement. Voilà ce que signifie «faire le vide»: à défaut de cela, toutes nos initiatives pour nous libérer ne servent qu'à nous emprisonner davantage en multipliant les idées fausses sur la nature même de la vraie libération.

* * *

Question: Vous dites que chacune de nos prières est exaucée. Mais si j'en juge d'après mon expérience, aucune de mes prières n'a été entendue. L'ennui est que je ne sais pas vraiment ce que je cherche. Comment puis-je demander une chose dont la nature même m'échappe?

Réponse: Cher C. M.,

C'est parfois difficile à comprendre, j'en conviens, mais les desseins du vrai sont impénétrables. Nous trouvons souvent ce que nous cherchions là même où nous ne pensions pas le trouver... ou quand nous avons perdu tout espoir de le trouver. Voilà pourquoi nous devons persister. Nous devons entretenir la flamme, le désir de devenir un individu supérieur. L'Univers entend notre prière muette et sincère... et si nous demeurons fidèle à nos aspirations, le vrai se débrouillera pour les concrétiser.

* * *

Question: Souvent, pendant la journée, j'essaie de repartir de zéro, mais franchement, quoi que je fasse pour m'en convaincre, il ne se passe rien de bien spectaculaire. Je puis parfois m'observer pendant quelques secondes, mais je ne parviens pas à apaiser mon irritation, ma nervosité, bref, ce que je ressens sur le moment. Je me donne peut-être trop de mal? J'ai la nette impression qu'il ne se passe jamais rien de nouveau.

Réponse: Chère L. T.,

«Repartir de zéro» n'est pas un processus mental, bien que le cerveau participe à cette approche. C'est en quelque sorte une échelle: on peut l'appuyer contre un mur et y grimper, mais pour passer de l'autre côté, il faut sauter.

Votre vrai moi, quel que soit le nom que vous lui donniez, existe dans le moment présent. Ce moi supérieur n'a nul besoin de repartir de zéro, car il vit *maintenant* en permanence. Ce ne sont pas là des paroles creuses. Ce moi existe réellement, et nous pouvons élire domicile dans son domaine toujours actuel. Le défaitisme et tout l'éventail des problèmes qui l'accompagnent n'ont aucune réalité pour ce moi, car ce moi *n'a pas de passé*. Il renaît *maintenant*. Nous pouvons aussi *renaître maintenant* à la condition de nous lasser intérieurement de notre vieux, de notre faux moi, puis de *lâcher prise*, d'abandonner ce moi *dès que* nous comprenons ce qu'il représente. Le but de nos études spirituelles est le suivant : acquérir la conscience supérieure qui débouche immanquablement sur le moi présent et renouvelé.

Bref, nous devons nous réveiller. Faites-le maintenant. Posez cette lettre et prenez conscience de vous-même, sans effort mental. Une telle prise de conscience met fin aux pensées qui se mordent la queue dans notre cerveau. Pendant l'absence provisoire de notre moi pensant, nous accédons à une autre vie. Une vie qui, par son essence même, est synonyme de « repartir de zéro ».

Résumé

Ce n'est pas la situation dans laquelle nous nous trouvons qui détermine ce que nous devons faire pour nous libérer. Ça, c'est ce que le faux moi voudrait nous faire croire. C'est le contraire qui est vrai. C'est le travail que nous faisons sur nous-même qui transforme la situation dans laquelle nous nous trouvons, quelle qu'elle soit.

— Guy Finley, *Lâcher prise*

Table des matières

Achevé d'imprimer au Canada
en mai 2003
sur les presses de l'imprimerie Transcontinental inc.
Division Imprimerie Gagné